静思有我

乙巳年孟春

你的钱是你的钱吗？

静思有我 —— 著

台海出版社

图书在版编目（CIP）数据

你的钱是你的钱吗？/ 静思有我著 . -- 北京：台海出版社, 2024.11. -- ISBN 978-7-5168-4006-1（2025.3重印）

Ⅰ . F0-49

中国国家版本馆 CIP 数据核字第 2024BN1842 号

你的钱是你的钱吗？

著　　　者：静思有我

责任编辑：俞滟荣

出版发行：台海出版社

地　　　址：北京市东城区景山东街 20 号　　邮政编码：100009

电　　　话：010-64041652（发行，邮购）

传　　　真：010-84045799（总编室）

网　　　址：www.taimeng.org.cn/thcbs/default.htm

E － mail：thcbs@126.com

经　　　销：全国各地新华书店

印　　　刷：保定市嘉图印刷有限公司

本书如有破损、缺页、装订错误，请与本社联系调换

开　本：787 毫米 ×1092 毫米　　1/16

字　数：234 千字　　　　　　　　印　张：17.25

版　次：2024 年 12 月第 1 版　　　印　次：2025 年 3 月第 2 次印刷

书　号：ISBN 978-7-5168-4006-1

定　价：68.00 元

版权所有　　翻印必究

目录

适合小白，大咖不宜——自序　　001

上部

第 1 章　货币，是个啥东西？　　006
第 2 章　最早的货币可能是鸡蛋　　008
第 3 章　没有开会商量，全世界都选择金银作为货币　　011
第 4 章　钞票的本质，是一张收条　　014
第 5 章　世界上最赚钱的生意　　017
第 6 章　金融危机是怎样炼成的？其实很简单　　019
第 7 章　美元的顶级秘密　　022
第 8 章　战争和金融，哪个来钱快？　　023
第 9 章　细思极恐：穿越 200 年，面对当前的投资　　025
第 10 章　想想买油条，汇率问题就简单了　　029
第 11 章　你的汇率烦恼，源于美元"太牛"　　031

第 12 章	人民币和白菜遵循相同的规律	034
第 13 章	索罗斯的套路	036
第 14 章	亘古不变的赚钱手法	039
第 15 章	索罗斯不玩儿了	041
第 16 章	借钱，是金融危机的重要看点	044
第 17 章	阿根廷的利率为什么高达 40%？	047
第 18 章	金融沙皇"任一招"，没能一招制敌	050
第 19 章	我们为什么敢于大幅度放开金融市场？	053
第 20 章	你和我，是银行最大的金主	057
第 21 章	你存在银行的钱，有一部分没在银行	060
第 22 章	银行是怎样把 100 元变成 700 元的？	064
第 23 章	5 万亿元，是多少钱？	067
第 24 章	买书的钱，不能打游戏	070
第 25 章	股市里飘来降准的芳香	073
第 26 章	"不知道"的越多，绕过的坑就越多	075
第 27 章	赚钱：从做一个正常人开始	077
第 28 章	股市多少事，都付笑谈中	080

第29章	股市，就是一个大水池	083
第30章	"大咖"们的想法很朴素	086
第31章	赚钱的要诀在高中课堂上	089
第32章	把难的事放下，我们来做简单的	093
第33章	生死，是个大问题	096
第34章	股市不好，我们才好投资	098
第35章	想买中兴，可是没钱了	101
第36章	疫苗出事儿了，投资继续！	103
第37章	我是怎么失败的	106
第38章	我的失败细节	109
第39章	说企业，要从国家说起	112
第40章	看企业，要用数据说话	115
第41章	掰着指头学汇率	117
第42章	"老大"的难处	119
第43章	大象，是一根柱子，还是一把蒲扇？	122
第44章	美国人会赠送我们美元吗？	125
第45章	重复了42年的故事，老掉牙了！	129

第46章	一群人和你拼命，会怎样？	132
第47章	1%的人掌握99%的金钱	134
第48章	有没有寄生虫？不能乱说	136
第49章	一个啥都有的国家，世界唯一	139
第50章	美国的心腹大患	141
第51章	野蛮的一刀	144
第52章	温柔的一刀	146
第53章	一直想干	149
第54章	不摆工艺品，不一定没文化	151
第55章	你们家，是你老婆管钱吗？	154
第56章	敲黑板！赚钱少的生意也要做	158
第57章	中国2700年前的经济智慧	161
第58章	狐狸和丝绸，胜过刀枪	164
第59章	乒乓球，用脚踢，可以吗？	165
第60章	自相矛盾的玩法，看不懂	167
第61章	加息，一声叹息！	170
第62章	秦始皇，是谁的儿子？	172

第 63 章	平仓的背后	176
第 64 章	"双十一"是怎样炼成的？	179
第 65 章	学经济，怎样节约脑力？	182
第 66 章	矛盾，是个好东西	185
第 67 章	买一个东西，记两笔账，是何道理？	187
第 68 章	缩表，怎么缩？	190
第 69 章	央行，亏不亏？	192
第 70 章	央行的钱是天上掉下来的吗？	193
第 71 章	我给你欠条，你再把欠条给他，意思就不一样了！	195
第 72 章	出钱和收钱，都算欠钱？咋回事？	198
第 73 章	缩表之后，没钱了！	201
第 74 章	美联储，很复杂！	204
第 75 章	美联储，听谁的？	206
第 76 章	谁任命私营企业老板？	208
第 77 章	惯用语："呵呵"	210
第 78 章	姓"公"，还是姓"私"？	212
第 79 章	"私"有，有"公"！	214

下部

祝贺！狂跌的市场，送了你一个大礼包	222
请放心地跳，但不能闭着眼睛	227
我是怎样把59倍市盈率变成14倍的？	230
知识，信息，多少钱一斤？我的回答是：4小时+128元=0.059	236
世界上最相信和最支持儿子的，永远是母亲	246
对茅台2013年报数据的分析及其他	254
后记	263

适合小白，大咖不宜
——自序

一

我是一个长期坚持写作的人。

但在做自媒体之前，我几乎没有公开发表过作品。

问题在于，我以前写的那些作品都是给谁读的呢？

回答是：给我自己读。

——当然，偶尔地，极少极少地，也有非常亲密的朋友和家人读过。

我在我的微信公众号"静思有我"和"静思有我 v"上，向朋友们坦白过我对读书和作文的理解：

读书，是听高人讲话；

作文，是对自己说话。

每个人都有对自己说话的习惯，只不过具体方式不同。有的人在心里默默地说，有的人关起门在屋子里面对着墙说。这两种方式我都经常使用，但我还有第三种方式：写文章。

所以，我过去很多年写了很多文章，但是，只有我一个人读。

后来，网络兴起，我看到网络上的很多文章，心中很是愤愤不平。

我发现，很多财经人把财经说得很神秘。我感觉，他们说财经，似乎不是为了让人懂，而是为了让人不懂。

于是，我决定自己试着说一说。别的什么目标都不设定，只设定一条：让人懂。

就这样，我开始在网上创作财经专辑：《货币浅说：让金融走下神坛》。

自然而然地，很多复杂难说的东西我都暂时没有说。即便是简单的东西，我也力求把它说得更简单。

当然，很多高深的东西，我本来就不懂。

起初，每一期节目发布后，阅读量一般不会超过50。

后来，阅读量上来了。

到现在（2023年9月），这个专辑总共218期节目，我把它称为218章，已经有2400万的阅读量了。

这似乎说明，我的节目还是有一定的吸引力的。

很多朋友留言，让我把这些节目编辑成书，他们希望阅读纸质的版本。而今，书终于要面世了。

对于我来说，这就像做梦一样。

这本书的第1章到79章，源于我在网上创作的财经专辑《货币浅说：让金融走下神坛》，算第一部分。

第二部分，是我这几年发布在"静思有我"和"静思有我v"微信公众号上、后来被我删除了的一些财经文章。此外，还收录了我2013年自己写自己读的一篇财经文章。

大体可以这样理解：第一部分，是讲货币的一些基础知识；第二部分，是讲投资理财的一些基本理念——不涉及实操，更不涉及具体的投资建议。

要特别说明的是，本书每篇文章的标题下面都标注了写作时间。请朋友们阅读时一定关注。

因为，同样一句话，在不同的时间说，意义是不一样的。

比如：在茅台股价是100元的时候说茅台是一只好股票，在茅台股价是2000元的时候说茅台是一只好股票，意义肯定大不一样。

个中酸甜，务请诸君品尝。

二

曾经有一个朋友跟我说，她带着10岁的孩子一起听我的节目。可是我的节目停更了，孩子每天晚上睡觉前总会对她讲："妈妈，我要听'静思有我'。"

说实话，这两年做自媒体，收到朋友们的反馈何其多，但真正震动我心灵的却是这位小朋友愿意听我的节目。

这说明我追求的第一目标"让人懂"，基本达到了。一个10岁的孩子愿意听我的节目，说明他大体听得懂一点，我就不用担心别人听不懂了。

而孩子不仅听得懂，还愿意听，说明我的节目多少有些趣味。

于是，我整理书稿，把它交给了出版社。人各有命，书也一样，就让市场来决定我的书稿的命运吧。

三

我的书是出给大众看的，不是给专家学者看的——当然，专家学者如果愿意看，我也是欢喜的。

但我老实坦白，我这本书本来就没想着给专家学者看。

更重要的是，我希望专家学者们不要看，因为真的没啥水平。

我真心想说：

本书，适合小白，大咖不宜。

倘若，万——我是说万——大家喜闻乐见我的这些财经文章，我会陆续把我在网上创作的财经专辑《货币浅说：让金融走下神坛》第 80 章以后的内容推出，以供大家参考。

谨以此大体介绍，冒充本书的"序"。

2023 年 9 月

第 1 章
货币，是个啥东西？

作者按：

本文写作和在网络发布的时间为 2018 年 5 月。

每个人都离不开货币：每个人都在挣钱、花钱，钱推动着我们的生活运转。然而，对我们来说，钱并不是一件简单的事。

以现实生活举例：白菜今天卖 1 元一斤，而明天卖 1.1 元一斤。这意味着，你今天拥有 1 元可以买到一斤白菜，但是如果你今天没有买白菜，而是把 1 元拿在手上，到了明天，你却买不到一斤白菜了。你说这是不是个问题？

当然也有相反的情况：今天白菜是 1 元一斤，明天是 0.8 元一斤。如果你手上有 1 元，你本来打算今天买一斤白菜，由于某种原因你没有去做这件事，等到明天，你这 1 元竟然能买一斤多白菜，那肯定是赚了。

总之，你手上有 1 元，从数字上来讲，从今天等到明天是没有变化的，但就其本质而言，它是有变化的。

这是最基本意义上的货币问题，算是第一个层次。

如果上升一个层次：

有很多人手上拿着 1 万元，希望明天变成 1.1 万元。怎么变？最常见的办法是拿去"炒股"。大多数"股民"希望自己买进的股票今天的价格是每股 1 元，明天就变成了每股 1.1 元。当然，事情并不一定遂人所愿，结果很难预料。针对股票市场的盈亏，曾有机构做过一个统计：每十个股民中有七个人亏本，两个人不亏不赚，只有一个人赚钱。毫无疑问，这里面唯一一个赚钱的人，一定把握了货币的基本规律。

这是第二个层次。

如果再上升一个层次——

你拿100万元出来投资办一个企业，过程中贷款是无可避免的，贷款时或许幸运，整个过程十分方便，立刻就筹措到了所需资金。接下来你生意做得很顺利，当你需要继续向银行贷款时，后续资金很快便又到位了。

可是有一天，当你需要再次向银行借钱的时候，银行却不借给你了。银行或许会给你一堆这样那样的理由——你的企业在经营上存在诸多问题就是常见的理由之一。可能你有些纳闷儿：企业还是那个企业，经营方式也没变，为什么原来能借到钱，现在就借不到了呢？你可能不太清楚，其实最根本的原因是这段时间银行自己手上的钱也少了。银行手上的钱少了，自然会对客户进行筛选，而很不幸，被筛选掉了的人恰好就是你。换句话说，如果银行手上的钱很充裕，其实你还是能够继续借到钱的。

对于你来说，如果这一次借不到钱，很有可能资金链就会断裂，后果很严重！

这种现象在现实生活当中比比皆是。

这背后到底出了什么问题？——其实是国家在紧缩银根。

所以，当你把你的经营与银行贷款密切关联时，你必须关注国家的银根是扩张还是紧缩，这关系到你的企业经营——能不靠银行贷款就能顺利经营的企业是非常稀有的，所以，做企业必须关注银根、关注货币问题。

这是第三个层次。

如果再上一个层次：

你会发现，全世界国与国之间的绝大多数的商品都只能用美元去购买，其他国家的货币很多时候不被认可。本质上美元其实就是一张纸，这张纸也就是印刷出来的印有特殊符号的一个印刷品而已。只不过，这个印刷品有特殊的功用：印刷美元的权力只有美国才有，印多印少都是美国说了算，其他国家说了不算。由于美元是美国人的，所以美元的结算系统（CHIPS）也是美国的，那个名义上属于全世界的"环球同业银行金融电信协会国际资金清算系统"（SWIFT），实际上也完全受美国控制。所以全世界的美元结算都受到美国的强力控制。比如伊朗的一家企业，要把美元汇到另外一个国家的某个企业，用以购买别人的商品，就必须经过美国控制的美元结算系统和SWIFT。如果美国不给汇这笔钱，对方就收不到这笔钱，就不可能把东西卖给那家企业，因此美国可以制裁很多人，但是其他国家很难制裁美国。这其实是很多国际上政治、经济方面的大事件的背后逻辑。

这是第四个层次。

如果展开说，我们还可以说第五、第六、第七、第八个层次。

总之，小到买白菜，大到战争，都跟货币有很密切的关系。

总之，货币是个大问题。弄清楚货币问题，不管是对你平时买白菜，还是对你想股市赚钱，抑或你想开工厂做生意，还是你想思考一些很宏观的全球性的问题，都很重要。

第 2 章
最早的货币可能是鸡蛋

作者按：

本文写作和在网络发布的时间为2018年5月。

《货币战争》在2011年再版时，作者专门写了《再版序言》。在序言的第二段，有这么一句话："在人类文明史上，曾经有两千多种商品担当过通货的职责，而市场在进化的过程中逐步淘汰了其他通货，最终选择了黄金和白银作为财富的终极代表。无论哪个地区，无论什么文明，无论何种信仰，金银作为最被广泛接受的财富形式而变成了货币。"

这段文字告诉我们：现在所谓的"货币"，也就是我们平常说的"钞票"，专门术语叫"纸币"的，在货币形成的最初，其实并不存在。在货币形成的最初，商品交换就是用一个商品换另外一个商品：用一头猪换三只羊，用一只羊换四只鸡，用一只鸡换十棵白菜，用一棵白菜换一个鸡蛋……

但是很明显，这种交换（交易）方式十分不便。

比如，市场上有人想用鸡换羊。可是手头上有羊的人，他并不想要鸡，他想要猪，于是他们两个人就不能成交。要想成交，必须还满足一个条件：你手上的东西刚好是我想要的，同时，我手上的东西刚好是你想要的。如果两个人手上都拥有商品，但是只要有一个人手上的商品不是对方想要的，这两个人就只能干瞪眼，而无法完成交易（交换）。

这个条件是相当苛刻的：市场上的商品成千上万甚至上亿，太丰富了，要想两个人刚好对上路，其难度系数可能不比相亲简单，而且很不方便。

这种方式还有一个问题：

如果一头羊可以换四只鸡，但我手上暂时只有一只鸡，我和你交换的时候，你很难把你那一只羊切成四块，分一块给我。这样，我有一只鸡，从逻辑上讲，我已经具有吃羊肉的资格。可是，实际上，我还是只能看着羊跑，吃不上羊肉。即使你把羊给切割了，你给我的可能是羊腿或者羊头。等我过几天有三只鸡的时候，我再找到你，你把剩下的羊身子给了我。名义上，我拥有一整只羊的所有部件，可是这个部件拼凑起来，却不再是一头活羊了。

如果我买羊的目的是吃羊肉，倒也罢了；如果我买羊的目的是要去养羊，那可就惨了。

所以，这种交换形式，极大地影响了交换效率和人们的生活生产。用马克思的话说，就是"极大地阻碍了社会生产力的发展"。

由于上述种种不便，人们就会去努力寻找一个大家共同认可的商品，如鸡蛋。不管你手上有什么商品，你都可以先把它换成鸡蛋，再用你换来的鸡蛋去换你想要的东西。

比如，你手头上有四只鸡，你想把它换成一只羊。可是卖羊的人不想要鸡，他想要的是猪。

怎么办？按老办法，那就没办法了！按新办法，就可以解决这个问题。

你可以先把鸡换成40个鸡蛋，用这40个鸡蛋换回那一只羊。那个卖羊的人，再用这40个鸡蛋想办法去买猪。于是皆大欢喜，大家都满意了。

在这种情况下，大家的前提是都认可鸡蛋，于是鸡蛋就成了大家公认的、可以实现交换功能的商品，这个商品就是"通货"，也就是货币的前身。

"通货"是完全具备货币功能的，也就是说，在人类历史的某个时期、某个地方，钱可能是鸡蛋。

不过，人类把鸡蛋当钱用的历史时期，与人类直接使用纸币的历史时期，有一点重要的区别：那个时候的鸡蛋不仅能以钱的身份去换别的商品，它本身也是有用的——鸡蛋可以直接食用。也就是当我获得了鸡蛋之后，我既可以用鸡蛋去换别的东西，也可以把鸡蛋直接吃了。

而我们现在的纸币，你拥有它以后，除了能用它换别的商品外，啥都不能干，也即，纸币本身没有实用价值。

这里只是以鸡蛋打比方。如《货币战争》所言："在人类文明史上，曾有两千多种商品担当过通货的职责。"

我们可以不去管这曾经出现过的两千多种商品是什么,也不用去管鸡蛋是否曾经担此重任,这只是一个比方。你只需要知道曾经有过这一类的东西就可以了。

总之,钱,在最早的时候根本就不是钱,而是实实在在的商品。据统计,这些商品曾经有两千多种。

也许你会觉得:管它那个时候的钱是什么玩意儿,这跟现在有什么关系?时间过去这么久了,说这些东西累不累啊?

我要说,是有点儿累,但是很值得。

因为我们现在的许多金融现象也好,货币战争也好,股市起伏也好,都与我们现在的货币不再具有实实在在的商品属性有关系。

换句话说,如果我们现在的货币也都是实实在在的商品,那么货币战争就不会发生,美国人想剪全世界的羊毛也是不可能的。

第3章
没有开会商量,全世界都选择金银作为货币

作者按:

本文写作和在网络发布的时间为 2018 年 5 月。

如前所述,最早的钱,其实不是钱,而是实实在在的商品,如鸡蛋。

但是,鸡蛋充当钱的功能还是有很大缺陷的。

比方说它不太好携带。

你身上揣 40 个鸡蛋,随时随地都有可能变成鸡蛋汤,还会弄脏你的衣

服。如果你晚上出去吃饭，为了付账，身上带了1000个鸡蛋，你可以想象一下那是一种什么感觉。

它也不太好分割。

假设十根针可以值一个鸡蛋，可是我只想买一根针，我手上有一个鸡蛋，我怎样把一个鸡蛋分割成十份儿、然后拿出来一份儿跟你换一根针呢？

它也不好存放。

稍微富裕一点儿的人，家里就会拥有千千万万个鸡蛋，那放在哪间屋子里呢？怎样堆放呢？

它也不利于保管。

如果我爷爷一辈子挣了一亿个鸡蛋，保存到我这里的时候，鸡蛋已经没有任何用处了，反而会发霉发臭，成为我家的负担。

这些问题，就成为将鸡蛋这一类的东西当作货币所存在的缺点。

鸡蛋这个例子多少有点儿极端，但在人类历史上另外两千多个曾经担当过货币职责的商品当中，多多少少也都会存在着类似的问题。

好在人类非常聪明，最终抛弃了这两千多种商品，选中了一种商品作为货币。

这也算是人类历史上一个非常有意思的现象吧。

大家最终都选择了把金银当作货币。

是的，是金银。

为什么金银会成为"大众情人"呢？因为金银有这样几大好处：

便于携带——金银比鸡蛋好携带得多。

金银非常便于保管。放个十年八年，甚至百年乃至千年，它都不会有什么变化。我太爷爷的太爷爷的太爷爷，积攒起来的金银传到我手上，依旧毫无问题，不必担心腐败变质。

金银体积小。即使是巨富，也没必要专门修建房屋来存放金银，放在床底下，枕头下面，或者一个柜子里也就足够了。

另外，相对于其他贵金属，金银很好分割。虽然分割金银有点儿难度，但掌握相关技术之后就不那么难了，而鸡蛋和类似物品，基本上无法分割。而且金银可以被分割成极小的份儿——虽然分割到一根针的价值很难，但实践证明，满足大部分生活生产的需要是没问题的。

所以马克思说："金银天然不是货币，而货币天然是金银。"

所谓"金银天然不是货币"，意思是，金银在最初的时候并没有货币属性，它就是金银自身而已，金银可能也想不到，后来怎么就被人类选中，成了货币。

所谓"货币天然是金银"，就是说，货币从诞生起，最早期虽然不是金银，但由于货币的特点、使命、目标等，导致货币最终一定会选择金银——这有点儿像年轻人谈恋爱的时候说："我来到这世上，就是为了找你。"

不过，金银作为货币和鸡蛋作为货币，本质上没有太大的区别：它们都是双重身份。一个身份是它可以以钱的身份去换别的物品；另一个身份是它本身有使用价值。

如果货币一直是金银、鸡蛋的话，我们就会一直以它们作为货币来交换商品，也就不会有货币战争，索罗斯这样的金融玩家更是毫无立锥之地，美元霸权也将不复存在，我们买房子、炒股票，更不用顾虑央行到底发行了多少货币。

金银和现在的纸币相比有一个最大的好处：金银放在那里，大概率会升值，而不会贬值。

再举一个极端的例子。如果你生活在津巴布韦，曾经 100 万津巴布韦元可以买一栋豪华别墅，而现在可能连一根葱都买不到。我在说这件事的时候，本来想明确地说，一美元可以兑换多少多少津巴布韦货币，可是我没有办法用语言来表达。因为那个数字太大，念不出来，如果把它写在纸上，是很长一串数字，前面是284，后面有14个"0"。不知道哪位高人能够把这个数字念出来。

还是那句话，探究货币的前世今生，是非常有利于理解我们现在遇到的种种金融现象的，对我们的投资理财很有好处。

所以在这个问题上费点儿神，较点儿真，花点儿时间，动点儿脑筋，是值得的。

第4章
钞票的本质，是一张收条

作者按：
本文写作和在网络发布的时间为2018年5月。

金银作为货币，和鸡蛋、羊之类的东西相比，具有无可比拟的优越性，如不变质、便于携带、便于分割等。

但是，它依然是不完美的。

随着商品交换的增多，人们对货币的需求量越来越大，金银还是有很多不方便的地方。比如切割，虽然切割的工艺不是太难，但必须设置专岗来从事专门的切割工作，并不是什么人都可以做的。再如，金银作为一种商品交换的符号，金银的外观应当规整，奇形怪状的金银逐渐开始不受欢迎了。

这就催生了新的行业——专门制作和切割金银的行当。这个行当在西方叫"金匠"，即加工金银的工匠。也就是说，这人开了一个金银加工的作坊，或者叫金银加工厂。人们把金银放在金匠那里，请他加工成型、按照自己的需要进行切割。比如，一个人有十两金子，而他每次消费尚不足一两，所以他可能就需要把这十两金子切割成 10 份乃至 100 份，与此同时，他也需要把这个金子加工成型。

人们把金子交给金匠，等金匠加工好了，再拿着加工好的金子到市场上去买东西。

这是人们的如意算盘。

这个如意算盘自然没有什么问题。不过我们需要关注一个细节：把金子交给金匠的时候，金匠肯定应该出具一张收条，上面写着：收到某人黄金十两。

我们现在无从知道，世界上第一个把金子交给金匠，金匠给他出具收条的这个人，他是否想到过，这样一个简单的动作，后来引发了人类历史上货币发展的惊天巨变，乃至引发了一直延续了几百年，至今没有找到解决办法的金融危机。

这大概就是人们常说的"蝴蝶效应"吧。

而这到底又是怎么回事呢？

奥妙出在这张收条上。

正常情况下，当人们需要用金子来进行交换的时候，需要拿着收条，在金匠那里取回金子，然后用金子进行交换。

由于金匠只认收条不认人，所以人们发现，其实在交换的时候，根本不需要用上金子，直接把收条交给对方就可以了。对方卖出货物，取得收条，可以拿着收条到金匠那里去换回金子。或者，他拿着这张收条，需要在另一个人那里去买他所需要的东西的时候，他直接把这个收条再交给对方就可以了。

时间长了，人们发现，金子放在金匠那里取不取回来其实不是很重要，手上只要有这张收条就可以了。

别小看这样一个人之常情，它是问题的关键。

慢慢地，人们已经习惯用这些收条而不是用金子去买东西。

大家都这样做，一个人、十个人、百个人、千个人，全社会都这样做，于是这些收条就流传开了，而金子一直放在金匠那里。

最开始的收条可能是手写的，如写上数字、签上名、盖上章。

后来，收条的需求量越来越大，人们就想出了更简便的方法。比方说印制成统一格式，也就不需要在每一张收条上去盖章签名。而且这些收条的面额有大有小，如有一千两的、一百两的、十两的、一两的，或者更小的。同时，为了防止人们仿制，金匠们会在工艺上进行改进，采用极其复杂的工艺，让一般人很难伪造。

这种统一制作的、用极其复杂的工艺印制出来的收条，就是钞票。

世界上很多事情的转换就是如此简单又如此奇妙，货币，或者说钞票，就这样诞生了，而它的本质不过是一张收条。

所以，在《货币战争》一书中，作者多次强调，纸币的本质就是一张收据。

比如，在2011年版《货币战争》的《再版序言》中，在第二自然段的开头，作者说："货币，从本质上看，就是财富的一种索取权，人们持有货币，相当于持有财富的收据。"在第三自然段的开头，作者又说："纸币的出现，原本作为金银的收据，主要是为了方便交易。"

在《货币战争》一书第一章的"罗斯柴尔德起家的时代背景"这一小节中的第五自然段，作者这样写道："人们一直知道，发行银行券是银行最赚钱的生意，这些银行券其实就是储户存放在金匠那里保管的金币的收据。由于携带大量金币非常不便，大家就开始用金币的收据进行交易，然后再从金匠那里兑换相应的货币。时间长了，人们觉得没必要总是到金匠那里存取金币，后来这些收据逐渐成了货币。"

第 5 章
世界上最赚钱的生意

作者按：
本文写作和在网络发布的时间为 2018 年 5 月。

在前几节中，我颇说过些危言耸听之词，比如，如果我们现在还是用鸡蛋，或者金银做交易，就不会有金融危机。又如，我曾经煞有介事地说，第一个把金银交给金匠的那个人，是否想到过他这个动作可能会诱发金融危机，影响世界格局。

这些话猛一听起来，感觉确实有点儿故弄玄虚。但在事实上并无夸大，只不过我的叙述方式并非"竹筒倒豆子"而已。

之所以没有一下子说清，是因为想要发现货币的奥秘，必须将货币历史上的一些关键节点琢磨透才行。

这也是前几节内容里我把货币发展的几个阶段反复说、说得那么仔细的原因。

稍后，我就要谈到，货币从鸡蛋到金银再到纸币的这样一个过程会诱发金融危机的关键点。

诸位依旧不要着急，还是应该用放大镜的方式，来看看金融发展史上的这样一个关键环节。

如前所述：纸币其实就是金匠收到金银所出具的一张收条。后来，人们不再用金银交易,而是直接用这张收条交易。

那么,问题来了,市场上应该有多少数量的收条呢?

从逻辑上说,收条的总量,应该与金匠那里储备的金银数量一一对等。

然而,这里有一个逻辑上的漏洞,或者用现代人的话说,有一个制度上的缺陷——

金匠发现:当这些收条取得了全社会的信任之后,无论他向全社会开具多少收条,都没有人去管他手上具体的黄金储量。反正,他库房里的金子,人们也不会急着去取,也没人去查他的库房。

于是,当他的库房里有一万两金子的时候,他完全可以给社会开出两万两的收条。

当然,这多出来的一万两,一般是由金匠借给社会上的某些人——这就形成了我们通常说的"贷款"。

但是,不管是在金匠那里存了金子取得这种收条,还是没在金匠那里存放金子而直接问金匠借到这种收条,这两种收条在表面上看都是一模一样的,并没有人去分辨其中的真伪或者不同。

而且,向金匠借收条的这些人,只要按时间把收条还给金匠,一切就风平浪静了。

真正是神不知鬼不觉。

最要命的一点是,金匠向外借出收条,肯定是要获取收益的,所谓"无利不起早"就是这个道理。

关于这一点,在《货币战争》一书第一章里的"罗斯柴尔德起家的时代背景"这一小节的第五自然段,有这样的表述:"聪明的金匠银行家们渐渐发现每天只有很少的人来取金币,他们就开始悄悄地增发一些收据来放贷给需要钱的人,并收取利息。当借债的人连本带利地还清借据上的欠款,金匠银行家们就收回借据，再悄悄地销毁，好像一切都没有发生过，但利息却稳稳地装进了自己的钱袋。"

说到这里，我们会发现，全世界最赚钱的生意，并非一本万利，而是更进一步的"无本万利"。

这种一分钱本钱都不要，却能谋取巨大收益的生意，到目前为止，恐怕只有这一种。

说得极端一点儿，也就是，你只需要凭空在纸上写下一个财富的数量，然后就可以按照你写的这个数量收取利息。

诸位可以想象一下，这样的生意是多么赚钱！

但这种不劳而获的赚钱秘密，对社会的最大危害，不在于无本而万利，也不在于不劳而获取，而在于它可以人为地制造金融危机。这种金融危机，会对全社会反复进行毁灭性的破坏。但是那些发行收条的人，却可以因此赚得盆满钵满。关于这一点，我们下一次再说。

第 6 章
金融危机是怎样炼成的？其实很简单

作者按：
本文写作和在网络发布的时间为 2018 年 5 月。

上一章已经初步讲过：发行收条的人，可以随心所欲地掌握发行的收条的数量。也就是说，他们想让这个社会上流通的收条多，他们就多发行一点儿；他们想让这个社会上流通的收条少，他们就少发行一点儿。

而这些人惯用的伎俩就是，先多发行一点儿，让很多人手上有钱，于是消费者有钱消费，生产者能扩大规模，进一步生产出更多的东西。每个人都进入一种疯狂的、对未来充满美好憧憬的状态，也是一种轰轰烈烈大发展大繁荣的状态。

在这样的关键时刻，发行收条的人又突然减少了市场上流通的收条的数量。这个时候消费的人手上钱少了，买不了东西了，于是生产出来的东西就没人要了。而生产者如果想购买更多的原材料和设备，也需要更多的钱，可是现在又借不到什么钱了，也就没办法再买了。

这样一来，生产者的经营就会变得非常困难，现金流也会出现严重的问题，慢慢地，生意就做不下去了。生意做不下去的表现之一，就是生产出来的东西没人要，不是扔在大街上，就是倒到大海里去。于是，企业面临破产。在破产的情况下，企业主只能以极低的价格将企业出售。这个时候，那些掌握收条的发行量的人，由于手上有着无穷无尽的收条，便可以用很低的价格买回这些企业的所有权。

关于这一点，即使是美国人，也认识得非常清楚。在《货币战争》第二章的"货币发行权与美国独立战争"这一小节中，作者写道：

"年仅33岁就完成了万古流芳的美国《独立宣言》的作者，也是美国第三届总统的托马斯·杰斐逊有一句警世名言：'如果美国人民最终让私有银行控制了国家的货币发行，那么这些银行将先是通过通货膨胀，然后是通货紧缩，来剥夺人民的财产，直到有一天早晨，当他们的孩子一觉醒过来时，他们已经失去了自己的家园和父辈曾经开拓过的土地。'"

稍微动点脑筋想一想就会发现，这种玩法比凭空写个收条借给别人，然后收取利息还要赚钱得多。只可惜，这种生意是以社会的巨大破坏和无数人的破产为代价的。

这样的故事，每隔几年或者十几年就会上演一次，这就是我们耳熟能详的"金融危机"。

当然，产生金融危机的根本原因在于市场机制的缺陷。但是，当我们用收条去交换商品，而不是用金银去交换商品的时候，发行收条的这些人，是完全有可能利用市场机制的缺陷去人为地推动，甚至可以说制造金融危机的。

而这种金融危机的范围，则和这些收条流通的范围高度吻合。

可以毫不客气地说，拥有收条的发行权的那些人，是有能力制造这种危机的。

很明显，如果这种权力掌握在私人手里，制造金融危机对私人有好处，这些拥有收条的发行权的人就绝对有制造金融危机的动力，从而尽力"引发"一个又一个金融危机。

如果这样的权力掌握在国家手里，因为国家是以推进全社会的经济发展为使命，制造金融危机只会让整个社会的经济发展受到严重的破坏，"引发"金融危机毫无必要。

所以，这种收条的发行权掌握在谁手上，对一个社会的经济运行是至关重要的。

不幸的是，世界上绝大多数国家的钞票发行权都掌握在私人手里，其中最典型的代表就是美国的央行——美联储。

请一定记住，美联储是由一群私人财团组成的联合机构，它是属于私人的。

而中国的央行属于国家，不属于任何一个私人或者私人集团。

我们的央行，从制度上不具有通过多发或者少发货币来制造金融危机，以收割社会财富的逻辑基础。

第 7 章
美元的顶级秘密

作者按：

本文写作和在网络发布的时间为 2018 年 5 月。

通过前文的拆解和比喻诸位可以知道：拥有收条发行权的人，如果为了一己之私，赚起钱来实在是太方便了——虽然这种方便是建立在不劳而获和掠夺他人的基础上的。

细说起来，拥有收条发行权的人发财的方式有两种：第一种，就是凭空发行收条，赚取利息；第二种，就是通过反复地多发和少发收条，制造金融危机，收割社会财富。

我们这会儿顺理成章地得出这个结论，是如此简单而又如此轻松自然，仿佛它是一件微不足道的小事。事实上，这就是当今金融世界的超级秘密。而美元是世界上唯一在全世界流通的货币，因此，这自然是美元的顶级秘密。

不过，这里有一个非常要命的关键点，那就是：全世界都要使用美元，否则，这一套就玩儿不转了。

因此，我们会发现，世界上只要有不使用美元的事件发生，或者有可能不使用美元的苗头，美国人都会很紧张，甚至会有政治、经济、军事方面的大事发生。

第 8 章
战争和金融，哪个来钱快？

作者按：

本文写作和在网络发布的时间为 2018 年 5 月。

公元 1815 年，距离今天已经有二百多年的时间了。这一年的中国是清朝嘉庆二十年，乾隆皇帝的儿子嘉庆皇帝正在积极准备查禁鸦片。

但这在世界史上算不得什么大事。

真正在世界史上算得上是大事的事发生在欧洲，那里正发生着一场决定欧洲格局的大战，交战双方的统帅分别是法国的拿破仑和英国的威灵顿，交战的地点在比利时的布鲁塞尔的近郊，小地名叫滑铁卢。

经此一战，不可一世的拿破仑走下神坛，开始了他颠沛流离的囚禁之路，他统一欧洲的梦想从此覆灭。六年后，他病逝于圣赫勒拿岛。

经此一战，滑铁卢这个地名一夜成名，成为失败的代名词。在全世界范围内，每当说谁遭遇了失败，就会说他遭遇了滑铁卢。

上述信息都是广为人知的。

然而，很多人可能没有想到，在这场闻名世界的战争打得不可开交的时候，围绕着这场战争的一场金融大战，也正在如火如荼地开展。而且，金融战的结果是：赢家所赚取的金钱，超过了拿破仑和他的对手威灵顿在几十年战争中所获得的财富的总和。

可见，金融战的烈度丝毫不亚于拿破仑和威灵顿之间的热战的烈度。只不过人们对它的关注度不那么高而已。

对于一个关注金融，甚至想在金融方面有所斩获的市场投资人士来说，没有理由不去关注并研究这样一场金融战。在《货币战争》一书第一章的"拿破仑的滑铁卢与罗斯柴尔德的凯旋门"这一小节里，对这场金融战有精彩的描述。

这场金融战的过程大约是这样的：1815 年 6 月 18 日，当英国和法国的军队在滑铁卢这个地方打得难解难分，交战双方杀声震天、尸横遍野的关键时刻，在远远的山岗上，有一个人目不转睛地看着战争的发展。

但是，他并不关心谁胜谁负。他只是想第一时间知道战争的结果——具体是谁赢了，对他来说并不重要。

这个人是当时的超级金融玩家内森·罗斯柴尔德的眼线。一个金融玩家，对一场战争的胜负，关注到如此地步，我们不得不承认——金融，说它是战争，毫不过分。

傍晚时分，结果出来了，英国人赢了。

这个人立刻骑快马奔向布鲁塞尔，然后转往奥斯坦德港。在那里，他用高价找到了一艘船，横渡了月黑、风高、浪急的英吉利海峡，于 6 月 19 日清晨到达了英国的福克斯顿岸边。他的主人内森·罗斯柴尔德正等候在那里，听他汇报战争的消息。

于是，一场金融战由准备阶段，进入实战阶段。

内森·罗斯柴尔德赶紧走进伦敦股票交易所，指示他的交易员大肆抛售英国公债，于是英国公债价格开始下滑。

下滑引起恐慌，人们都以为内森·罗斯柴尔德知道了战争的结果，以为是英国人输了——当然事实上是英国人赢了。

在恐慌中，所有的人都加入了抛售英国公债的大军。几个小时之后，英国公债的价格仅剩 5%，也就是原来 100 元的公债，现在只值 5 元。

在这个我们俗称的地板价上,内森·罗斯柴尔德的交易员们,却在用所有的钱去买进市场上能见到的每一张英国公债。

两天之后的 6 月 21 日,战争结果的正式消息传到伦敦,那个消息就是:英国赢了。

于是,人们又疯狂地追逐英国公债,英国公债的价格迅速恢复到它本来的价格。这意味着本来 100 元的公债,跌到 5 元的时候,被内森·罗斯柴尔德买进,然后价格又迅速恢复到 100 元。

内森·罗斯柴尔德赚了 20 倍。

——请注意,不是 20 元,是 20 倍!

两天!赚了 20 倍!

到此时此刻,伴随着热战的结束,金融战也在短短的两天之内完全结束。这里要强调一个关键点,金融战的结果是:

金融玩家赚到的金钱,超过了热战双方在几十年战争中所得到的财富的总和。

不可一世的拿破仑,如果泉下有知,会怎样看待这样一个结果呢?

当然,这不是我们要讨论的话题,我们要讨论的是,这场金融战能够给予我们什么启示?

第 9 章

细思极恐:穿越 200 年,面对当前的投资

作者按:

本文写作和在网络发布的时间为 2018 年 5 月。

上一章我们说过发生在 1815 年滑铁卢战役背后的金融大战。我认为剖

析这场金融大战，对我们如何进行金融操作、如何理解现下的世界格局有极大的启示意义。

我认为这些意义有以下几点：

第一点，关于准确真实的消息。

要想正确操作金融标的，就必须知道关于金融标的的真实、准确信息。在这一点上，200年前的金融玩家会派人盯住战场厮杀。这种方法获得的消息，不可谓不准确，不可谓不真实，可谓下了血本。

那么，今天在金融市场上操作的我们，是否应该问一问自己，我们在获得真实准确的消息方面下了什么功夫？我们有能力获得真实准确的消息吗？我们获得的所谓小道消息，是真的真实和准确的吗？

第二点，还是关于真实准确的消息。

在200年前的这场金融战中，金融玩家获得了真实准确的消息之后，他们是把真实准确的消息无私地奉献给大众了吗？没有！

他们做了完全相反的操作。

那么，我们也完全有理由相信，他们在反向操作的同时，也一定会向社会有意无意地散发反向的消息，否则他们的反向操作就没办法推进。

于是，值得我们深思的问题又来了：我们在市场上获得的所谓小道消息，是谁散发的？他是在正向地散发，还是在反向地散发？如果是正向地散发，散发的人的思想道德水准为什么如此之高？如果我们怀疑世界上是否存在道德水准如此之高的人，那结论就只有一个：这些消息是反向散发的。

有人可能会说，他们之所以正向散发消息，是因为他们要收取费用。可问题来了：一个拥有如此珍贵的真实消息的人，他还会在乎这一点点的手续费吗？他为什么不去筹集一点儿资金，直接在市场上操作赚钱呢？

第三点，关于市场操作的方向。

在这场金融战中，金融玩家明明是要买进金融标的，可是他最初的操作却是卖出，并导致价格下降。

我们完全有理由相信，在伴随价格下降的过程中，一定有与之相呼应的消息和相对应的预测、分析、推理、判断，貌似都是合情合理的。

总而言之，最初的价格下降就是一个坑、一个陷阱。

当我们在当今的金融市场上，看到一个金融标的的价格下降或者上升的现象时，我们是否有必要去判断一下，它是真实的价格趋势还是一个陷阱？

我不是说所有的价格趋势都是假的，而是说这里面有真的，更有假的。

事实上，如果做一个有心人，我们就会发现，当今金融市场，这种反向操作趋势的情况几乎每天都在发生。

我恪守"不谈论具体标的和具体操作"之原则，还请诸位原谅此处案例阙如。

事实上，在金融市场上做任何操作之前，任何人都必须进行深入的、深刻的和独立的思考。任何把别人的结论拿过来直接使用的做法，都是极端错误的。

这里所说的所谓"别人的结论"，也包括本人和本书的结论。

对于上述结论，如果诸位没有在金融市场上找到相应的具体的例子，千万不要相信。

第四点，关于市场操作的角色定位问题。

我们在这个市场上活着，首先要确定：在这个市场上自己究竟是个超级玩家还是个跟随者？

如果你确定你不是市场上呼风唤雨的超级玩家，那你就只能是个跟随者了。

那么，我们就必须非常慎重地思考一个问题：作为跟随者，你所听到的消息，你所看到的趋势，有几个是真的，有几个是假的？有几个是馅儿饼，又有几个是陷阱？

我们需要非常认真地想一想，便能够百分之百地确定，我们真的是超级玩家的亲戚吗？怎样百分之百地确定我们自己真的没有被超级玩家玩弄于股掌之间？

《孙子兵法》讲："兵者，国之大事，死生之地，存亡之道，不可不察也。"

把金融比喻成一场战争的话，我们每个操盘手都是战场上的将军，操盘手的金钱就是士兵，那么，我们所做的事是否也是"死生之地，存亡之道"？是否也需要进行一番"不可不察"的谨慎深思？

在金融战场，进行任何操作之前，必须经过深刻的和独立的思考，也是因为我们每一次操作都是"死生之地，存亡之道"，所以"不可不察也"。

第五点，是关于金融战的历史地位。

金融玩家在两三天之内的收益，一般而言会超过拿破仑及其对手威灵顿发动几十年战争所获得的财富总和。

我们常说，战争是决定政治、经济的最高形式。

现在诸位看到了一种比战争形式更高的形式——金融战争。

既然如此，我们是否可以想象，在当今世界，国与国之间的竞争是否还可以采取金融战的方式来决定乾坤呢？如果回答是肯定的，我们是否可以进一步猜想，在中国崛起的道路上，我们的对手是否会向我们发动金融战呢？

我们是否还可以猜想，其实航母有时候只是一个幌子，只是佯攻，或者只是担当助攻的角色，而真正的主攻方向是金融呢？

而如果军舰和航母都可能只是佯攻或者助攻，那么，所谓科技战，所谓贸易战，是否也是如此呢？回想大约 30 年前，日本和美国等西方国家签订"广场协议"，导致日本经济迎来了停滞的 30 年。现在大家普遍的看法就是，日本人之所以签订"广场协议",根本原因不在于日本人傻,而在于美国在日本有驻军,日本人签也得签,不签也得签。

我们至少有理由担心,对方的首选方案是用金融战把我们打倒在地,如果金融战不能得逞,他们的军舰和航母才会真刀真枪地跟我们干呢!

关于发生在200年前的那场金融战,我们需要思考的内容还有很多,这里只简单地提到这几点,在以后的内容中,我们可能还会提到对这场金融战的反思。

第10章
想想买油条,汇率问题就简单了

作者按:

本文写作和在网络发布的时间为2018年6月。

最近听了两个朋友的"吐槽"。

一个说,汇率问题很烧脑。比方说,1美元原来兑换8元人民币,现在兑换6元人民币。那人民币的汇率是升了还是降了?他说,他每次在面临这个问题时,都要在脑子里面转几个圈才能得出结果,而转圈的方式又有很多种。最常见的一种,就是自己默默在心里,把1美元兑8元人民币换成1元人民币兑大约0.125美元。然后再把1美元兑6元人民币换成1元人民币兑大约0.167美元。然后再对比0.167和0.125,因为0.167大于0.125,于是得出升值的判断。但是这样一来,很费时间,在阅读的时候,被这样一打岔,往往就丧失了继续的兴趣,自己也觉得很烦。

另外一个朋友就针对这个朋友的这个问题进行吐槽。他说，他没有遇到过这样的烦恼，因为他最早接触汇率问题的时候，就想起小时候买楼下的油条的事。一想到买油条的事情，他就立刻豁然开朗了，没有那么多的圈子要兜。

这个朋友讲的故事是这样的：

那个时候的油条很便宜，最早的时候是0.15元1根，但是买得多，就可以有优惠，最常见的优惠是1元可以买8根。他说他们家就经常这样买，次数多了，他已经不记得油条是多少钱一根，他只记得1元可以买8根。后来油条涨价了，变成0.2元1根，但是仍然有优惠，那就是1元6根。时间长了，他也忘记了一根油条多少钱。他只知道，后来涨价了，1元只能买6根了。

这个故事倒是很有意思，相对于早先1元8根油条，后来1元6根油条的时候，油条肯定是涨价了。这是生活常识，不需要兜圈子就能明白，所以很好理解。于是，他用这个现象来理解汇率就很容易了。

其实，这样的事情有很多。比如，你到地摊上扫货，第一天你100元买了8样商品，第二天你花100元只能买6样和昨天完全相同的商品。那么毫无疑问，你第二天买的商品的平均价格肯定要高于前一天。

在此基础上，我们简化一下对汇率升降的理解。

以美元和人民币之间的汇率为例，通常说美元兑人民币的汇率是6。"兑"字前面是一种货币，"兑"字的后面是一种货币。

那么规律出来了。

关于前面一种货币的汇率的理解，按照常规思维理解就行。也就是说，数字上升，意味着汇率升值；数字下降，意味着贬值。

关于后面一种货币的汇率的理解，按照反向思维去理解。也就是说，数字上升，意味着贬值；数字下降，意味着升值。

比如，今年以来，美元兑欧元的汇率，年初是 0.81 左右，现在是 0.86 左右。所以对美元来讲，那就按常规理解，从 0.81 到 0.86，数字上升，意味着升值；对欧元来说，那就反向理解，数字上升，意味着贬值。

问题就这样解决了。

如果再加上一句话，就会使问题变得更加简单。那就是在绝大多数情况下，我们使用的表达方法是：1 美元等于多少其他货币，或者说美元兑其他货币的汇率是多少。这样一来，在绝大多数情况下，美元都在前面，其他货币都在后面。所以在大多数情况下，对美元，就正常理解，而对美元以外的货币，就反着理解。

不过有意思的是，造成这种困扰，以及这种解决问题的方法，却蕴含着很多关于货币的故事，关于这一点我们接下来再说。

第 11 章
你的汇率烦恼，源于美元"太牛"

作者按：

本文写作和在网络发布的时间为 2018 年 6 月。

前面一章讲述了一个关于汇率的困惑：当美元兑人民币的汇率由 8 变成 6 的时候，美元是贬值还是升值了呢？非常好理解，那就是贬值了，因为从 8 到 6 数字下降，非常直观。可是在这种情况下，要判断出人民币是升值还是贬值，就有点儿烧脑，就要绕圈子。

有人可能在想，如果改变一种表达方式，这事儿就不烧脑了，就不绕圈子了。比方说，改成人民币兑美元的汇率由原来的 0.125 变成 0.167。那么人民币是升值了还是贬值了呢？因为从 0.125 到 0.167，数字上升了，所以肯定是升值了，这非常好判断，因为非常直观。

可是为什么不用这种方法呢？

回答这个问题，其实就涉及了货币的两个方面。

第一个是关于货币理论的问题。

从这个角度对这个问题的回答是，换一种标价方法是完全可以的，也是非常常见的，没什么大不了，而在货币相关的教科书中，相应的标价方法也都有对应的名称，实操中也经常使用。1 美元兑 8 元人民币，对于人民币来说，这种说法叫"直接标价法"，也叫"应付标价法"，它背后的意思就是，你如果要想取得 1 美元，就应该付出 8 元人民币的代价，所以叫"应付标价法"。这个说法的立足点是，用自己的人民币去购买美元需要付出 8 元人民币。

而另外一种标价方法，1 元人民币兑 0.125 美元，对于人民币来说，这叫"间接标价法"，也叫"应收标价法"。它背后的意思是，别人要想从你这拿走 1 元人民币，你可以收取 0.125 美元。

重复一下，应付标价法的基本逻辑是：如果你想取得美元，你应该付出多少人民币。应收标价法的基本逻辑是，如果别人想从你这取得人民币，你可以收到多少美元。

说到这里，我们要讲的第二个关于货币的故事就自然而然地引出了。

那就是我们实际上主要采取的是应付标价法，所以才有上一章节里面提到的关于汇率的困惑。

为什么我们主要采取应付标价法呢？原因很简单，就是我们经常要拿人民币去换取美元。

为什么我们要经常拿人民币去换取美元，而拿着美元的人很少需要用美元来换我们的人民币呢？

原因只有一个,那就是:美元是世界货币,全世界的人都需要经常去获得美元。

那为什么美元是世界货币,而人民币不是世界货币呢？

道理也很简单,因为世界上跨国买东西,在大多数场景下,都只认美元,不认别的货币。你拥有再多的人民币、卢布、欧元、日元,在国际市场上也经常难以买到东西。要想在国际市场上买到东西,在大多数情况下要有美元。

这样一来,美元就成了抢手货,国际上都习惯于想着我付出多少自己的货币能够获得美元,所以国际上都普遍采用应付标价法。

不仅人民币是这样,欧元、日元、卢布等世界上所有的货币都是这个样子。

美元这种居于世界货币的中心位置的状态,为它在世界贸易当中占据了极其有利的地位,并且谋取了很多额外的利益,这也是我们常说的所谓"美元霸权"。

关于这一点,我们在第5章"世界上最赚钱的生意"、第6章"金融危机是怎样炼成的？其实很简单"、第7章"美元的顶级秘密"这三章里面都讲得非常仔细。

目前,人民币国际化正在如火如荼地推进,就是为了追求以后跨国买东西可以用人民币支付,这样就不会受美元的制约。人民币黄金期货的上市,人民币原油期货的上市,人民币铁矿石期货的上市,以及跟世界上几十个国家进行货币互换,还有最近刚刚宣布的非洲十四个国家考虑把人民币作为储备货币的消息,都是为了推进人民币国际化。

这样不受美元制约,也就可以逐步地逃离被美元掠夺的被动局面。

然而,这种做法,必须有与之配套的军事、经济手段和政治运筹手段,要具备相应的军事能力、经济能力和政治能力。

第 12 章
人民币和白菜遵循相同的规律

作者按：

本文写作和在网络发布的时间为 2018 年 6 月。

在第 10 章 "想想买油条，汇率问题就简单了" 中，我们说到过用买油条来理解人民币汇率的故事。大概的意思是，如果你不能直观理解美元兑人民币汇率由 8 到 6 这个过程当中，人民币是升值还是贬值，就可以想象一下，1 元可以买 8 根油条和 1 元可以买 6 根油条，哪种情况下油条更贵。

这个故事里面，我们其实用油条替换了人民币。

而在货币常识里面，油条和人民币是有区别的。油条是实实在在的商品，而人民币是货币。为什么这里可以替换呢？

一方面，是因为这是一个比方，既然是比方，思想就可以自由活跃一点儿。

另一方面，这里面还蕴含着另外一个货币常识。那就是，其实从货币知识来说，用油条来替换人民币的思维方式也是无可厚非的。因为从本质上讲，货币也是一种商品。

你在理解很多货币现象的时候，完全可以不把货币当成货币，就把它当成油条之类的普通商品来看待。货币这种特殊的商品，它其实具有普通商品的大部分特征和本质。

比如，它和普通商品一样，也受到供求关系的影响。

我们知道，市场上白菜的价格受供求关系的影响很大。如果市场上白菜少而买白菜的人多，那么价格就会上涨；如果市场上白菜很多，而买白菜的人很少，那么白菜的价格就会下降。这既是一个生活常识，又是一个经济学当中非常重要的经济规律。

马克思的《资本论》把这个问题说得非常透彻。

马克思把这个经济规律称为价值规律。这个规律最精练的表达就是："商品的价格受供求关系的影响，围绕价值上下波动。"这是高中思想政治课程必须学的内容，很多人应该都非常熟悉。

这个规律也同样适用于货币。

比如，最近几年[①]，土耳其的货币里拉贬值得很厉害。尤其是2018年以来，贬值了20%左右。如果从2014年算起，土耳其里拉对美元的汇率由2.2贬值到现在的大约4.8。

其中有什么原因呢？

可以说，原因极其复杂，也极其深奥，一句两句说不清楚。

但是，所有的原因，最终一定会聚在一点，那就是土耳其的外汇市场上，有很多人要卖出土耳其里拉，买进美元。

这样一来，对于土耳其里拉来说，市场上供应量大大增加，于是价格下降。

这和我们平时在菜市场看到的，白菜供应大幅上升，从而导致白菜价格下跌的现象，是一模一样的。

所以土耳其总理才会在电视上发表讲话，号召全国人民把自己手上的美元拿出来，换成里拉。

如果土耳其人民都响应领导人的号召，就能够一定程度上扭转，或者至少遏制这种土耳其里拉贬值的局面。

当年亚洲金融危机期间，韩国的韩元大幅贬值，韩国领导人号召韩国民

---

① 指2015至2018年间。

众，把家里储存的黄金拿出来，购买韩元，也是为了增强市场上韩元的需求（购买韩元，就是增加韩元的需求）。

因为需求上升，可以导致商品价格的上升。这和我们在菜市场上看到的，买白菜的人多了，白菜价格就会上涨的现象，其背后的作用机理是一样的。

总之一句话，货币是一种特殊的商品，但它又是一种普通的商品。在很多时候，我们其实没必要把它当成特殊的商品看待，只需要把它当成普通的商品看待就可以了。

第13章
索罗斯的套路

作者按：

本文写作和在网络发布的时间为2018年6月。

前面一章我们说过，货币其实和白菜、猪肉之类的普通商品没有本质上的区别，所谓"货币是一种特殊商品"，落脚点依旧是"货币是商品"。所以货币一定遵循所有商品都遵循的基本规律：供求关系影响价格波动，当供大于求的时候，它的价格就会下降。

大家千万不要小看这样一个看似很小的问题。所有经济危机、金融危机的爆发，都离不开这个问题。把握好了这条主线，诸位对很多危机的爆发就能有较为清晰的认知。比如，在1997年到1998年之间发生的亚洲金融危机当中，所有经典和不经典的金融战，都是沿着这条线索进行的。

亚洲金融战的经典战役就是泰铢的贬值事件。

说起金融战，一般都会讲到它原因深奥、背景复杂、过程惨烈。然而说到它的具体过程，其实就和市场上的白菜、猪肉的价格波动，是一模一样的。国际金融大鳄索罗斯狙击泰铢的过程就是如此。

索罗斯先是将自己手中的泰铢大量卖出。

市场本来是供需平衡的，但是有他这样一个大玩家大量卖出泰铢，于是市场上泰铢的供应就大于需求了，此时泰铢的价格就会下跌。泰铢的价格下跌，在表现形式上就是泰铢的汇率下跌——因为汇率就是货币的价格。

比方说，本来是1美元兑25泰铢，下跌意味着泰铢的价格慢慢变成了1美元兑26泰铢、27泰铢、28泰铢、29泰铢、30泰铢。

这里我们再复习一下我们在第十章里面讲到的一个货币常识。

当我们用1美元等于多少其他货币这样一种标价方法时，对于美元以外的货币，这种标价方法里面显示的数字越大，意味着这个货币贬值越多。所以当1美元对泰铢的汇率由25升到30的时候，意味着泰铢贬值。

泰铢的价格下降会引发什么后果呢？

市场上买卖货币的人都是看趋势的。泰铢的价格呈下降趋势时，市场就会预测其将来还有下降空间，而如果泰铢价格进一步下降，对于市场上的人来说，就意味着自己手上的钱会进一步贬值，如此一来防范风险的唯一办法就是赶紧把它卖出去。

同时，伴随着泰铢的贬值，在泰国市场上的美元的价值是上升的，所以，卖出泰铢既可以防止泰铢的贬值，还可以拿到美元，获得美元升值的预期收益。就这样，越来越多的人加入了卖出泰铢的行列。

于是，泰铢的价格陷入又一轮下跌。

如果说最开始的泰铢价格下跌是由索罗斯引起的，而其后泰铢的不断贬值，索罗斯可以说是完全袖手旁观，无须亲自下场，泰铢汇率就在其他人的一次次抛售中突破了底价。

尽管抛售者并不是索罗斯的亲戚，而且在金融危机之前，索罗斯也没有和他们建立同盟关系。

金融危机发生之前，1 美元对泰铢的汇率是 25 泰铢，危机发生之后，泰铢价格一路走低，一直到 1998 年 1 月，1 美元对泰铢的汇率变成了 55 泰铢，下跌幅度超过 50%。

下面我们看看索罗斯在这个过程中是怎样赚钱的。

第一步，自己手上先拥有一定金额的泰铢。这个具体金额我们不是很清楚，比如 250 亿泰铢。

第二步，逐步卖出这 250 亿泰铢。他当时卖出泰铢的价格，有相当一部分是在 25 泰铢的价位上。当然，随着价格的下跌，他也在陆续地卖出。为了理解上的方便，我们就假定他卖出的平均价格是 25 泰铢。这样一来，他就把 250 亿泰铢换成了 10 亿美元。

第三步，他什么都不做，他只是远远看着，看着市场上人们疯狂地卖出泰铢导致泰铢的价格，也就是泰铢的汇率下降。

第四步，他在地板价上重新买进泰铢。比方说，他在 1 美元兑泰铢的汇率在 50 左右的时候买进泰铢。由于这个时候的汇率是 1 美元等于 50 泰铢，所以他只需要花费 5 亿美元就可以获得 250 亿泰铢。

到这个时候，我们替他算一笔账。最开始，他有 250 亿泰铢，通过卖出换成 10 亿美金。而最后，他只花出去了 5 亿美金就换到了 250 亿泰铢，因为汇率是 1 美元兑 50 泰铢。所以他手上还有 5 亿美金。这 5 亿美金就是他赚的。

整个战役起于 1997 年一、二月间，结束于 1998 年二、三月间。

第五步，没有第五步了，因为游戏在第四步就结束了。

通过上述过程，我们可以看出，货币和其他的普通商品一样，要想让它的价格下降，只需要做到一点：大幅供应这种商品。市场上卖这种货的人多了，价格自然就下降。

所以制造或者推动金融危机的人，如果希望一种普通商品，或者像货币这样的特殊商品价格下降，他总是需要先大量卖出手中的商品，增加这种商品在市场上的供应量。

我们看到很多分析金融现象的文章，一般来说都是要把楼市、股市、利率、汇率，以及各种各样的经济政策、金融政策、政治政策、社会心理、文化现象、历史渊源等因素堆在一起进行分析。这种分析金融市场的办法有优点也有缺点，优点是分析得比较全面，而缺点是，有点儿累，脑子里像一团麻、像一锅粥。

诸位如果想轻松一点儿，我们可以第一次讨论第一个问题，第二次再讨论第二个问题，然后慢慢把所有问题都捋清楚。

比如本章，就只分析了1997年开始的亚洲金融危机的第一场经典金融战——泰铢汇率之战，这一个小小的场面。

分析过这个小场面，诸位如果还有兴趣，我们就可以继续去说其他的小场面，但是我坚持这样一个原则：一次只说一个问题。这样人在面对复杂的金融现象的时候，能稍微觉得轻松一些。

第14章
亘古不变的赚钱手法

作者按：
本文写作和在网络发布的时间为2018年6月。

在上一章中，我大致拆解了1997年泰铢贬值的金融之战中，国际金融玩家通过先卖出泰铢，导致泰铢价格下跌，然后再低位买进泰铢的操作方法。这使我们不得不重提一下1815年内森·罗斯柴尔德买卖英国公债的操盘手法。此公也是先卖出自己手中的英国公债引起恐慌性抛售，从而导致英国公债价格下跌，跌到一定程度后此公再低价购入。

由此我们知道——尽管每天的太阳都是新的，但世界上有些事是亘古不变的。从1815年到1997年，时间过去了182年，世界发生了翻天覆地的变化，可是金融玩家的玩法却从来没变。

从1997年到2018年，时间又过去了21年，金融玩家的手法会有变化吗？这是一个很有意思的问题。

最近一两个月以来，土耳其、意大利、西班牙的货币贬值得非常厉害。去年，巴西和委内瑞拉的货币贬值非常厉害。这背后到底发生了什么事我们还不得而知，很多信息还没有披露出来。

不过，有兴趣关注货币现象的人，完全可以继续关注，看一看今天的金融玩家是不是有什么新的招数。

有人可能会问，关注这些有啥用啊？

我想说，股票、期货、外汇的炒作，绝不是几根K线图就能说清楚的。这些动作背后的逻辑和基本原理大概是一致的，而这种金融产品又是相互影响、牵一发而动全身的。所以弄清楚这些问题，对于个人的投资理财很有帮助。

此外，透过这些现象，普通人能更清楚地看到国家与国家之间的私下博弈。这样一来，诸位每天面对新闻，面对那些似懂非懂的信息时，非但不会感到厌烦，还会有更深切的理解。当诸位明白了新闻背后的故事再看新闻的时候，这新闻看得就不会感觉枯燥乏味，反而会感到相当有趣！

第 15 章
索罗斯不玩儿了

作者按：

本文写作和在网络发布的时间为 2018 年 6 月。

曾经有这么几句歌词流传甚广："长路奉献给远方，玫瑰奉献给爱情，我拿什么奉献给你，我的爱人？"

借用这句歌词我们今天来说一说：在金融危机当中，国际金融玩家拿出了什么奉献给他们制造的下跌。

这个问题貌似不是问题，无论是英国公债还是泰国汇率，他们制造下跌，首先要卖出——狙击泰铢的时候，他们率先大量卖出泰铢即可。

那么问题来了，他们既然要卖出泰铢，他们手上就必须有泰铢。

可是他们手上有泰铢吗？

很遗憾，答案是否定的，也就是说，他们手上没有。

他们没有，他们拿什么卖出？

答案只有一个字：借。

是的，诸位没听错，国际金融玩家制造金融危机、牟取暴利的本钱竟然是没有钱。他们最初的钱竟然是借的。

索罗斯在自己的著作《索罗斯：走在股市曲线前面的人》(*Soros on Soros*)里，对此毫不讳言。事实上，这也不是秘密，当今世界，金融玩家手上有些自有资金不是什么稀奇事，不过由于要制造危机所需要的资金量特别大，所以钱主要还是靠借。

索罗斯在他的著作当中是这么说的："我们用自己的钱买股票，付5%的现金，另外95%的资金是借的。如果用债券做抵押，还可以借到更多的钱。我们用1000美元，至少可以买进5万美元的长期债券。"

他在著作中没有说明他是在哪一次金融活动当中是这么做的，但是这大概可以体现出他的资金结构。

应该说，这一点与1815年内森·罗斯柴尔德买卖英国公债的做法还有不同——目前没有资料显示内森·罗斯柴尔德当年最开始卖出的英国公债是借的。

看来世界还是有些变化！

事情已经很清楚了，这么大的金融战争，其实对于国际金融玩家来讲，相当于空手套白狼。

当然，这种空手套白狼的做法也是有极大的风险的。首先，玩家们要为这些资金付利息，如果他将来赚的钱，还没有他要付出的利息多，那这个生意于他来说就是一个亏本的生意。其次，在这样的金融战中，对资金的需求是源源不断的，如果说在最开始的时候，金融当局忽略了这个现象，借给他钱了，但是在随后的日子里，金融当局很有可能会掐断他的资金来源，或者提高他的融资成本，这个时候他的资金无以为继，就很容易出问题。

所以国际金融玩家也是冒着极大的风险的。

同时，金融玩家的这种操盘手法，也给政府反击金融玩家提供了机会。这种你中有我、我中有你的态势，是不是和战争极其相似？

面对这样的金融危机，虽然一般百姓看到了大量的成功案例，但是对于金融玩家来讲，这也是一招非常凶险的走法。如果我们以凶险论，将金融操盘比喻为"战争"，确实也并不过分。

在现实层面中，索罗斯在1997年狙击香港失败之后，又在2000年狙击美国技术股和欧元时相继失败。于是，他在 2000 年 3 月宣布解散了"老虎基金"，在 4 月宣布不再使用"量子基金"的名称。同时，他非常无奈地宣布："我们宏观冒险的日子一去不复返了。"至此，在 20 世纪最后十年令全世界金融界寝食难安的两只大老虎——老虎基金和量子基金，真正退出了历史的舞台。

我们也可以这样认为，索罗斯的这种玩法最终还是以失败而告终了。而基本与他同时齐名的巴菲特，长期坚持持有价值股，至少到今天，仍然还是金融市场上的一棵常青树。

那么，在当今金融市场上，巴菲特的玩法和索罗斯的玩法，哪一个更为合适呢？

当然，一切下结论都还为时过早，留待时间去评论吧。

事实上，在世界金融市场上，短期炒作获得成功的具体案例很多，然而长期在市场上用这种玩法玩成常青树的人，到目前为止还没有发现。玩到极致的人当中，索罗斯算是一个——然而他败了。

有人可能会说，在《货币战争》一书当中所提到的罗斯柴尔德家族应该是一棵常青树——是的，罗斯柴尔德家族是一棵常青树。但是这个家族的玩法绝不仅仅是指 1815 年的那种短期炒作。因为他们的玩法的根本在于不惜一切代价来把握住货币发行权，在此基础上影响世界的政治经济格局来赚钱。纯粹玩儿短期炒作，不是罗斯柴尔德家族的路子。他们可能偶尔玩一把，但不是根本的玩法。

多年以来，我认真查阅世界金融史，希望发现哪怕有一个人，长期坚持短期炒作，能在金融市场上成为常青树。可是我没有发现——是的，一个人都没有。

在这个过程中，我确实知道了很多短期炒作成功的具体案例和名人，但是很遗憾，这些人最终都被市场打败了。由于这些人都是失败者，所以时间长了，我也就记不住他们的名字了。

这些失败的人当中有一个人很有名,那就是巴菲特的老师格雷厄姆。他早年通过短期炒作发了很大的财,是一个成功者。但是很不幸,后来他还是失败了。如果不是他的岳父借给他很多钱让他渡过难关,他可能就只有跳楼这一种选择了。渡过难关之后,格雷厄姆彻底抛弃了他先前的做法,转而研究企业的价值,进行价值投资,于是他又东山再起,并孕育了像巴菲特这样一批信徒。

格雷厄姆在投资领域前后正反两方面的经验教训,似乎也在告诉我们什么才是投资的正道。

那么我们是否可以,把这一章的标题,换一种说法:我拿什么奉献给你,我的投资?

第 16 章
借钱,是金融危机的重要看点

作者按:
本文写作和在网络发布的时间为 2018 年 6 月。

上一章主要论述了以下事实:在制造或者推动金融危机的金融玩家那里,他们最开始有相当多的资金是借的。也就是说,他们牟取暴利的做法竟然是空手套白狼。

这个判断不仅仅适用于那些最开始制造、推动金融危机的大玩家,也适用于相当一部分在后面跟风的小玩家。也就是说,在 1997 年的泰铢下跌过程中,先是索罗斯这样的大玩家靠借来的泰铢做卖出动作,导致泰铢价格下跌,引发恐慌。此后,跟着卖出的人当中,有相当一部分是自己手上真的有泰铢，但是也有相当一部分是因为看着泰铢的价格下跌，于是赶忙从四面八方借了很多泰铢再卖出去的。

这些人的逻辑是：我今天借了泰铢，并且卖出换取美元，过一段时间，泰铢的价格会更便宜，所以我再用美元买进泰铢，还账之后还会有盈余。

这个思路跟索罗斯的思路是一模一样的。看来这种炒作挣钱的方法并不高深，很多人都深谙此道。

有人可能会问，你说你想借钱去炒作钱，而且是推动汇率下跌，银行会借给你钱吗？

当然不会！

可是有几个人在借钱的时候会这样说呢？

也就是说，借钱的人都不会说出借钱的真实用途的。

那么他编的假用途，能骗得过银行吗？

回答是：能。

因为钱的用途是发生在未来的，银行不可能在今天去审查你明天会干什么。

比如，我有一个企业，我给银行说，我的经营需要借点钱，目的是让我的经营更好。我还会对银行说，这样做不仅对企业有利，而且于国于民都有利，如借给我之后我的企业能够给国家多交多少多少税，能解决多少多少人就业等，听起来是那样光鲜亮丽。

那么到了明天，银行会发现你的用途有问题吗？

回答是：可能会，也可能不会。

首先银行可以监督资金流向，它有可能会发现一些问题，所以这种违规操作还是小心点为好。

但另一方面，由于资金量太大，银行的监管能力一般都跟不上实际情况，总会有漏掉的。这和我们在大街上开车违章，被警察逮着的人总是少于实际违章的人，是同理的。

当然，我们不能因为有的时候违章不会被警察逮着，就放心大胆地违章。

自然，这从另外一个方面也可以看出，一个国家金融监管的严密性是多么重要，如果被坏人或者说被那些别有用心的人钻了空子，后果将是非常严重的。

这几年，我们经常听到一个词"定向降准"。关于降准的含义，后续会讲到。总之，诸位现在只需要知道，所谓降准就是银行可以多借给你一些钱。所谓定向，就是针对特定的领域或者特定的人。这里所说的人，既包括法人，也包括自然人。

比如，对小微企业定向降准就意味着，对小微企业这一个特定的群体，银行可以多借给它们点钱，或者说借钱的条件会相对宽松一些。

当然，银行多借给小微企业钱，是希望它们改善经营状况，为它们的经营创造更好的环境，促进企业的发展。可是小微企业拿到钱之后，是一心一意地做好自己的经营，还是悄悄地把这些钱拿去炒股了，或者炒外汇了呢？这个就需要监管。

所以我们经常发现，如果你想把你的人民币换成美元、欧元等外国货币，就会经历各种各样的审查，这种审查会让你感到很麻烦，但是如果不这样做，金融市场就会乱，一旦乱了就容易出问题。

其实，所有的管理都面临着这样的问题，管理需要我们每一个人的配合。

当然说了这么多，是以我们国家为背景来说的，因为我们国家的金融监管是比较严格的。同时，由于人民银行属于国家机构，大多数商业银行都是国家控股的，所以从逻辑上，国家会严防从银行借钱去炒作金融市场的。

但是在别的国家，情况就不一定了。首先，别的国家监管的精细程度未必比得上我们。此外，由于别的国家的银行都是私人的，不排除这些银行本身就愿意去炒作金融市场。如果怀有这种动机，这些以私有制为主体的国家就不会去监管。

总之，上面主要是想说清楚，在金融危机爆发的过程当中，不管是金融的大玩家还是小玩家，他们炒作的钱当中有相当一部分是从银行借的。当然，这里只是说一部分，而不是全部。尤其对于小玩家而言，也有相当一部分钱是自己手上本来就有的。

不过，借钱炒作金融并非只有银行这一条路，还有一条路，可能比银行的这条路更加宽广，那就是民间借贷。既然是民间借贷，首先，在法律上就没有障碍，因为很难制定法律来禁止民间借贷用于金融炒作，与此同时，民间借贷的监管难度更是难于上青天。

综上所述，在本章，主要是想讲清楚以下现象：在发生金融危机的过程当中，很多人的钱都是借的。这种情况会带来一系列的连锁反应，弄明白这些连锁反应，就能够明白很多金融政策的来龙去脉和背后逻辑——因此，借钱，是金融危机和很多金融现象中的重要看点——而"借钱"，则正是本书下一章的重点。

第17章
阿根廷的利率为什么高达40%？

作者按：
本文写作和在网络发布的时间为2018年6月。

上一章主要讲述了一个现象：借钱是金融危机和很多金融现象中的重要看点。

为什么借钱在金融危机和金融现象当中如此重要呢？

原因很简单，也显而易见：借钱，必须付出代价，这个代价就是利息。

借钱的目的是挣钱，那么挣的钱至少要超过利息，倘若挣的钱还没有利息多，那还借钱干什么呢？

这应该算是一个生活常识。

当然，我们这里所说的利息，是指贷款的利息。而贷款的利息和存款的利息是同频共振的，也就是说，一个国家的贷款利息高，那么它的存款利息自然也会高；反之，如果贷款利息低，存款利息也会低。

这就引申出另外一个问题：那些本身手上就有钱的人，还要不要去参与这场金融炒作？因为，这些人在决策之前其实需要做一个对比：是把钱存在银行里更划得来，还是把钱从银行里取出来，参与金融炒作更划得来？

这个时候，存款利率的高低就很重要了。

如果存款利率高，那么他们可能会担心，把钱取出来用在别的地方挣到的钱，可能还比不上银行存款的利息，可能就依然会把钱存在银行里，不去参与金融炒作。

反之，如果存款的利率低，他们觉得钱放在银行里没啥挣头，还不如取出来去炒炒股，或者炒炒外汇，或者做做期货。那样就会把钱取出来，去参与金融炒作。

所以说来说去，利率的升降很重要。

如果我们把金融危机比喻成一场战争，那么交战的双方又分别是希望制造金融危机的金融玩家和希望遏制金融危机的国家。那么，利率就是交战双方需要争夺的一个焦点。

在 1997 年泰铢下跌的过程中，当第一波泰铢抛售的狂潮出现之后，也就意味着金融危机开始了，这个时候泰国政府采取了三项反击政策，其中之一就是提高利率。

而在随后发生的港元汇率下跌的过程当中，香港特区政府在第一时间采取的反击政策也是提高利率。

可以说，当外汇汇率下跌需要政府进行干预时，该国央行的一般做法就是提高利率。

提高利率为什么可以遏制汇率的下降呢？

原因很简单。

首先，对那些借钱的人来说，他们的资金成本增加了，倘若他们不能够在这一次金融危机中挣到足够的钱去补偿需要向银行支付的利息，那就亏了。亏钱的事谁愿意做呢？

其次，对于那些手上有钱、不需要借钱的人来说，就需要掂量掂量：到底是把钱存在银行里好呢，还是拿出来赌一把好？倘若赌一把挣钱的预期收益还比不上银行利息，那这些人就肯定不会做这样的傻事儿。

在 2018 年的 4 月和 5 月，阿根廷政府面对阿根廷货币——比索的狂跌趋势，在此前加息的基础上，从 4 月 27 日到 5 月 4 日，短短一周的时间内，加息三次，将利率由此前的 27% 提高到 40%。

想象一下，如果你有 100 元存在银行里，一年能够挣取 40 元的利息，那是多么高的一笔收益啊！

如果把钱存在银行里，不闻不问，也不着急，整天吃喝玩乐睡大觉，就能确保获得 40% 的收益，那谁还到市场上去赌博呢？

产生这个想法应该是顺理成章的事情。

好了，如果你有这种想法，那么就意味着你完全理解了，为什么在汇率下跌的过程中，要提高利率。

当然，事情不是那么简单，因为在很多阿根廷人心中，他们认为汇率下跌的幅度会更大，所以即使有 40% 的利率，有的人——当然是有的人，不是所有人，可能还是愿意把钱取出来去参与一把；或者说，在利率如此之高的情况下，依旧有人愿意去借钱，去外汇市场赌一把。

到底赌不赌，这是个问题。

这个问题的症结在于，外汇市场上的预期下跌幅度有多大。倘若在外汇市场上赌一把的收益能够超过 40%，你是赌，还是不赌？

反过来说，阿根廷把利率提到如此之高，一定是外汇市场下跌的预期幅度也已经很高了。因为把利率提高到如此高的程度，对经济生活的其他方面的伤害是非常大的，不到万不得已，万万不可出此下策！

综上所述：提高利率可以遏制外汇汇率的下跌，但是在其他方面却有很大的坏处，正所谓杀敌一千，自损八百——甚至可以说是说杀敌八百，自损一千。世界上没有绝对好的事，也没有绝对坏的事。

那么，提高利率的坏处在哪里呢？这正是下一章的重点。

第 18 章
金融沙皇"任一招"，没能一招制敌

作者按：
本文写作和在网络发布的时间为 2018 年 6 月。

在 1997 年到 1998 年的那场亚洲金融危机中，国际金融玩家在连续攻陷了泰铢、韩元、印尼盾、马来西亚林吉特四个国家的货币之后，于 10 月 21 日，开始攻击港元，随后在 1998 年的 1 月和 5 月，再次对港元发起攻击。在这场港元汇率阻击战中，当时的香港金管局局长任志刚，获得了一个略带贬义的外号，叫"任一招"。这个外号的意思是，在接二连三的金融攻击当中，任局长只有一招，那就是提高利率。

为什么说这个外号略带贬义呢？因为这一招非但效果不好，还产生了很多副作用。

事实上，任局长还被全世界的金融界称为"金融沙皇"，很明显，这是一个有特别浓厚的褒奖意义的外号。任局长担任金融局总裁长达 16 年，带领香港战胜了 1998 年的亚洲金融危机、2001 年的互联网泡沫，以及 2008 年的金融海啸，在国际金融界享有极高的声誉。

但在阻击 1997 年到 1998 年的亚洲金融危机的初始阶段，他的表现令人有些失望，所以才有"任一招"的"雅号"。

这就不得不说起提高利率的负面作用。

提高利率的负面作用，其中之一表现在股市上。

提高利率的后果就是提高资金的使用成本，这当然可以遏制市场上的金融大玩家和金融小玩家来卖空货币，其原理在上一章中已有讲述，在此不赘。

但是这同时也提高了在股市上操作的资金成本，造成了股市大量资金的撤离。

一方面，在股市玩股票的很多人是借钱炒股，由于利率提高了，成本增加了，他们就不再借钱运作了。

另一方面，有更多的人更愿意把钱存到银行，赚取利息，而不愿意把钱放在股市上炒作股票。

在前述内容中，我详细拆解过：任何一种商品，包括萝卜、白菜之类的实物商品，也包括股票或货币这样的特殊商品，只要市场上的需求下降了，也就是买的人少了，价格就会下跌。

有人可能会说，在股市上也可以融资做空。利率提高，导致融资做空的人减少了，也就是卖出的人少了，这对股市就是一个上涨的动力。

这话说得没错。但是在股市上，做空的机制要远远小于做多的机制（这又是一个很大的话题了，在此不赘述），所以对股市的影响总体上来说，还是从做多的角度来看。

总而言之，大体的结论是，提高利率对股市的影响是股市下跌。股市下跌自然不是什么好事儿。当然，为什么股市下跌不是什么好事儿，这又是另外一个问题，以后有机会再说，总之不是好事儿，所以算是提高利率的一个负面作用。

提高利率的负面作用，其中之二表现在实体经济上。

这个负面作用应该比第一个负面作用更要命。实体经济是整个社会经济的基础的基础。虚拟经济，说到底只是为实体经济服务的。炒作外汇股票之类的虚拟经济，说到底就是玩钱，玩来玩去，并不创造社会财富。而办工厂、做贸易，却是实实在在地创造社会财富，所以叫实体经济。全社会的人要想日子过得好点儿，归根结底是要实体经济发达。可是提高利率，既提高了虚拟经济当中的资金成本，同时也提高了实体经济当中的资金成本。

打个比方，如果银行利率是5%，一个企业问银行借了100万元，一年要支付5万元的利息，如果他用这100万元赚到了7万元，那么一年之后，他还清了100万元的本金，又还清了5万元的利息，最后他还可以赚2万元。如果银行利息提高到8%，那么他一年就要支付利息8万元，而他一年只赚了7万元，算下来还亏本1万元。

或者情况比这好一点儿，他拿着100万元，一年可以赚10万元，那么在利率是5%的情况下，他还清了本金和利息之后，另外还赚了5万元。但是当利率提高到8%的时候，他还清了100万元的本金和8万元的利息之后，就只赚了2万元。

他原来可以赚5万元，现在却只能赚2万元，虽然还能赚钱，但是生产的积极性却大大地降低了。

总之，不管是亏本，还是赚钱数量减少，都是对实体经济的伤害。

所以说，提高利率是一柄双刃剑。

在当年的那场金融危机中，香港金管局的任局长，在阻击国际金融资本对港元的袭击时，一方面并没有真正打退国际炒家的进攻，另一方面提高利率又产生了连带的负面作用，所以人们为了表达这种不满，就送给了任局长一个带有贬义的外号——"任一招"。

不过，任局长不愧是"金融沙皇"，在随后的战斗中，在中央政府和香港特区政府的大力支持下，他迅速地扭转了战局，带领香港打赢了那场金融战。打赢那场金融战，对中国经济和香港经济的正面作用，完全可以写一篇很长很长的文章。不仅如此，这还是索罗斯这样的超级玩家面临的第一场惨败，也是从此，索罗斯踏上了他的失败之路，三年之后，正式宣布失败，退出金融博弈的江湖。

那么，在此后的金融保卫战中，任局长是使用什么招数取得胜利的呢？这一点我们下一章再说。

第 19 章
我们为什么敢于大幅度放开金融市场？

作者按：

本文写作和在网络发布的时间为 2018 年 7 月。

在 1997 年到 1998 年的那场亚洲金融危机当中，香港金管局时任局长，获得了"任一招"的雅号。原因在于，任局长在最初对付金融危机的招数里面，就只有一招：提高利率。这一招不但没有击退国际金融玩家的进攻，还对实体经济和股市造成了极大的伤害。

到了1998年的7月，"任一招"先生改变了战法，换了一种新招数，最终击败了国际金融玩家，并由此揭开了国际金融玩家走向失败的序幕。香港国际金融保卫战，一战成名，载入史册，而任局长的外号，由此也由"任一招"改为"金融沙皇"。

那么，"任一招"先生后来使用的是什么招数呢？

说来就是一个字：买。

如果要用两个字来表达，那就是：买，买。

如果要用三个字来表达，那就是：买，买，买。

在很多描述那场金融战的文章当中，阻击国际金融玩家的过程被描绘得云谲波诡，扑朔迷离。当然，这种写法是符合实际情况的，可读性也很高。然而，如果我们拨云见日，剥丝抽茧，就会发现"任一招"先生之所以能够取得胜利，其实诀窍就是这一个字：买。

什么是买呢？

说起来也很简单：国际金融玩家要的是汇率和股市的下跌，然后在下跌过程当中，通过做空赚钱。"任一招"让汇率和股市下跌的招数就是一个字：卖。其中的作用机理就在于，货币、股票和萝卜、白菜一样，只要卖的人多了，价格自然就会下降。这一动作的背后原理在前述文字中已进行过详细的阐述。

针对国际金融玩家的"抛售玩法"，"任一招"先生反其道而行之：买。

当国际金融玩家在汇市上卖出港元换取美元的时候，任先生就用美元把他们卖出的港元全部买进来。

当国际金融玩家在股票市场上卖出股票的时候，任先生就用港元把他们卖出的股票全部买进来。

当然，任先生不是一个人在战斗。如果说任先生是个大玩家，那么市场上也有很多跟风的小玩家，任先生买的时候也有很多人跟着买进，比方说像你我这样的人。这个道理就好比是国际金融玩家在卖的时候，他作为大玩家，后面还有一大群小玩家，也跟着他一起在卖。

你卖我买。这样汇市和股市价格就不会下跌，国际金融玩家的阴谋就不能得逞。

事情就是这么简单，简单得不能再简单了。

然而，这里面有一个问题：买，得有钱。没钱你拿什么买？

国际金融玩家有备而来，拥有大量的资金，如果任先生的钱少了，买到中途没钱了，也就买不下去了，其结果就只有失败。

所以说，钱多，是执行"买"的战法的关键因素，这和战场上打仗是一样的，你必须有足够的弹药。

不过这里要特别强调一点，国际金融战场的弹药，特指美元。虽然本国本地区的货币也参与其中，但那不是主角。

任先生在战争中取得了胜利，毫无疑问，他的美元是足够的，否则他绝对打不赢这场战争。他到底用了多少美元，在本章中反而可以不去管它。

我们可以从反面去看一看，弹药不足有多么可怕！

和任先生的战争形成鲜明对比的是泰铢下跌，其状之惨烈，在前述章节中也已多次提过。泰铢的汇率为什么会崩溃呢？其根本原因也很简单：泰国政府手上的美元弹药太少了。

泰国政府手上的美元弹药少到什么份儿上了呢？

在金融危机爆发的时候，泰国政府手上的外汇储备只有330亿美元。战争刚刚开始，泰国政府手上的外汇储备就急剧下降到28亿美元。

这两个数字是什么概念呢？我们可以从对比中发现端倪。

国际金融玩家1998年一、二月间结束了在泰国的战斗，准备移师香港的时候，做了充分的准备。在 1988 年上半年，他们在香港发行港元债券，价值达 300 亿美元。想想看，敌方从一个渠道筹集的弹药，就和泰国一个国家的全部外汇储备相当，是多么可怕的一件事情。

而香港战场上后来的惨烈程度也让人唏嘘不已。仅举一例：1998 年 8 月 29 日，在香港股市上，一天的成交量就是 790 亿港元，折合美元就是 100 亿美元。

是的，一天的成交量就价值 100 亿美元，相当于泰国在金融危机爆发之前全部外汇储备的 1/3，相当于爆发之后泰国外汇储备的 3 倍。

由此可见，钱是多么重要！

由此可见，钱多真是好办事！

上面的例子里面，有的是直接说美元，有的说的是港元，折算成美元，主要想说明在金融战当中，作为弹药的货币是多么重要。同时，在金融战当中，主要的弹药是美元，这个美元主要依赖一个国家或地区的外汇储备。

说到这里，我们必须说一说我们国家的外汇储备。

我们的外汇储备大约是 3 万亿美元。

这些外汇是干什么用的呢？

它通常的职责是，当你需要用美元到国际上购物或者投资的时候，你可以用人民币换这些美元。

然后它还有一个更重要的职责，那就是当金融危机爆发时，当我们国家的金融市场受到国际金融大鳄的袭击时，它就是我们抵抗经济侵略的弹药。

3 万亿美元，是当年泰国爆发金融危机之前的外汇储备的 100 倍。

这无疑是一个惊人的数字，是一个天文数字。

任何别有用心的金融大鳄，如果想发起对中国的经济战，都不得不考虑这个数字。

我们一直担心，这么庞大的外汇储备，在面临美元贬值的大背景下，将来的财富会大大地缩水。这种担心是完全正确的。然而，当美元依然处于世界货币的中心位置时，这却是我们不得不掌握的重要资源。

在中美贸易战如火如荼的关键时刻，我们竟然敢于隆重地向全世界宣布，我们将进一步放开金融市场。放开金融市场，就会面临着更多的金融风险。我们拿什么来抵御可能出现的金融危机？招数有很多，而庞大的外汇储备就是其中最重要的招数之一。

当然，大幅度放开金融市场的逻辑基础和时机选择，是一个极其复杂的系统分析，但拥有充足的外汇储备，也就是拥有充足的美元弹药，毫无疑问是其中最重要的因素之一。

第 20 章
你和我，是银行最大的金主

作者按：

本文写作和在网络发布的时间为 2018 年 7 月。

6 月 24 日，央行宣布降准，幅度是 0.5 个百分点。

降准这个词，和我们老熟了，它隔三岔五总要在我们面前表现一番。每次它出现，都会成为大家追捧的热点。这次也不例外。

不过告诉大家一个小秘密，我每次看到降准这个词，第一反应不是它经济学上的意义，而是它文字学上的有趣——因为"降准"是一个高度浓缩的词。

汉语的浓缩也是一种极有意思的文化现象。比如，2016 年巴西的里约热内卢奥运会,我们中国人就把后面几个字给省了,简称里约奥运会。又如,前几年有一个比较有名的电影《致我们终将逝去的青春》,后来名字就变成了——《致青春》。

降准这个词,也是运用了同样的手法。降准的全称应该叫作降低存款准备金率。也就是说,所谓"降准",一是"降",二是"准"。"降"是降低的意思。"准"呢?"准"是存款准备金率的意思,把六个字缩成一个字。

存款准备金率是什么意思呢?由于存款准备金率这个词有点儿长,我们需要把它分成两部分来理解。

先说词尾的那个"率"字。

这个字在经济学上使用的频率非常高。比如前文多次提到的利率、汇率。所谓率,有一个亘古不变的原则,那就是一定是用一个数字除以另一个数字,如利率就是用利息除以本金。比如,我有100元的本金,获得了5元的利息,那么就用5除以100,结果就是5%,这就是利率。所谓汇率,就是在货币兑换的过程中用一种货币除以另一种货币。比如,我用100元人民币换了15美元,用100除以15,就等于6.7。也就是1美元兑人民币的汇率是6.7。

而存款准备金率,也一定是用一个数字除以另一个数字。至于是用哪一个数字除以哪一个数字,我们慢慢说来。

"率"字说清楚了,那什么是存款准备金呢?

要理解存款准备金,可能要稍稍烧一下脑子,不过不会烧太多。因为理解存款准备金就必须了解一些金融内幕。可以说,当我们把存款准备金这个词弄明白的时候,我们也就弄明白了很多金融内幕,所以说它非常值得好好说一说。

那么我们现在就来捋一捋这件事。

要弄清楚这件事,就必须从银行说起。

银行是干什么的呢?它给我们最直观的感觉就是两件事,一是存钱,二是贷款。在我们眼中，银行是非常非常有钱的：那么多的企业，那么大的资金量，有很多都是从银行借出来的。在我们脑子里面，大概没有谁比银行更有钱了，银行基本上是有钱的代名词。

那么，银行的钱是从哪儿来的呢？或者说，开银行的人哪儿来那么多的钱呢？

我想说，开银行的人有钱不假，但是，他贷款给别人的钱当中绝大部分却不是他的。

他的钱是从哪儿来的呢？

答案还是一个字：借。

是的，你没有听错，还是第16章反复说过的那个字：借。

可以这么说，现代的金融现象、金融活动、金融危机等，它的根源都来源于这一个"借"字。反过来说，如果我们现在的经济生活当中没有了这个"借"字，也就是说我们每个人、每个企业、每个国家的金融活动，全部是基于自己实实在在拥有的金钱，那么世界上所有与金融相关的业态，都将会是另外一种样子。

所以这个"借"字很重要。

那么银行是在向谁借钱呢？银行背后的金主又是谁呢？

大家不要以为银行非常高深莫测。银行其实就在我们身边，因为银行就是你，就是我，就是我们身边的亲戚朋友，我们所有认识的和不认识的人，见过的和没见过的人。

为什么这么说呢？因为是我们这些人把钱借给了银行。我们借钱给银行的方式就是——我们把钱存进银行。当我们把钱存进银行的时候，从经济和金融学上讲，那就是银行向我们借了钱，因为是银行欠我们的钱。

为什么说是银行欠了我们的钱呢？我们存到银行的钱，有朝一日银行必须还给我们，所以说是银行欠我们的钱。啥意思？就是说，我们是债主，我们是黄世仁。而银行呢？银行是欠钱的杨白劳。

说到这里，大家是不是有那么一点点小小的得意。呵呵，不知不觉，原来我们一直这么牛，是那么有钱的银行的背后金主！

不仅如此，还有更让你得意、让你更加看扁银行的事儿。那就是，银行的所有资金里面有多少钱是借的？有多少钱是它自己的呢？

答案是：大约不到10%的钱是它自己的，而超过90%的钱，是它借的。比如，中国的银行的资产负债率大多数都在90%以上。所谓资产负债率，就是说在银行的总资产里面，有多少钱是负债。所谓负债嘛，就是指借钱。

有人可能急了，说了这么多，扯了这么远，和存款准备金有什么关系呢？我要说，银行的这种状态，和存款准备金的来历关系很大。

关系是怎么个"大"法呢？我们下一章再说。

第 21 章
你存在银行的钱，有一部分没在银行

作者按：

本文写作和在网络发布的时间为 2018 年 7 月。

在上一章，我们说过央行 6 月 24 日降准的事。由此说到，你和我这样的普通人，其实是银行最大的金主。并进一步说到，由于有我们的存款，才导致了有存款准备金这么回事儿。

你和我成为银行的金主，成为银行的债主，又怎么会跟国家的存款准备金率扯上关系呢？

这就必须说到一个生活常识：我们借给银行的钱，也就是我们存在银行的钱，我们是要随时拿回来的，而且拿回来的时间是不确定的，也就是说是：随时。活期存款是这样。即使是定期存款，也可以随时把它变成活期取出来的，只不过我们要损失一点儿利息而已。

这个细节很重要。

"重要的事情说三遍"，因此再说两遍：这个细节很重要，这个细节真的很重要。

为什么呢？你把钱存在银行，而你又有权利随时随地把它取出来，那么银行怎么敢再把钱借给别人呢？

银行的生存之道是什么？是吃利息差价：你和我把钱存在它那里，它给的利息如果是2%，它再把钱借给别人，别人要付给它的利息一定要大于2%，比如说是5%，这中间有3%的差价，这就是它的利润。如果你和我把钱存在它那里，它给了我们2%的利息，而它不能把钱借出去赚钱，那它给我们的利息，又从哪里来呢？

所以说，我们把钱存到银行以后，银行是必须把钱借给别人来赚取利息，它才能生存下去，而我们又要随时随地把钱取出来，导致它不能把钱借出去。

这就是一个矛盾。

好在我们大家都知道，既然把钱存到银行，大多数人，大多数情况下，是不会全部把钱取出来的。至少，在通常情况下，大家不会步调一致地、同时把钱全部取出来。这既是一个生活常识，也是经过长期的统计得出的结论。总之，这个判断是靠谱的。

这样一来，银行就有胆量，把我们存在它那里的钱的一部分，借给别人，同时留一部分预备着你和我随时去取。

可是问题来了——它要留多少钱预备你去取？它又能借多少钱给别人

呢？这实在是一件很费脑筋的事情。

这个问题的要命之处还在于，银行绝对不能失信于你我这样的储户。如果哪一天我们去取钱，银行竟然告诉你说它没钱，哪怕它只是说它明天就有钱了，只是这会儿没钱，也是你我所绝对不能接受的。

不管它是基于什么原因，这个风险都是你我不能承受的，也是全社会不能承受的，因而也是银行所不能承受的。也就是说，无论如何，银行都要保证你我这些人，随时要取钱，随时就能取到钱。

怎么办？这要靠两个方面，一方面，要靠银行的自律，或者说靠银行自我的规划；另一方面，国家必须出面干预。

国家怎么干预呢？

很简单，国家对银行说："你把别人存在你那里的钱，拿一部分存在我这里。"存在国家那里的那一部分钱，国家是不会再借给别人的，所以说是非常保险、非常靠谱的。这也是你我这样的人把钱存在银行里的安全保障，而且是最后的保障。当然了，这一步也不是绝对的保证，至于为什么，以后有机会再详细为诸位讲解。

这个保证很重要，它关系到银行的信誉。银行的信誉，基本代表了整个金融体系的信誉。整个金融体系的信誉，也就是整个国家经济的信誉。失去了这一点，可以说国家经济在一分钟之内就可以崩溃，这绝不是危言耸听。

说到这里，有人可能还在纳闷儿，这和存款准备金有什么关系呢？

其实说到这儿，我们已经把存款准备金说清楚了。因为，国家要求银行存在国家那里、不会外借的那部分资金，就叫"存款准备金"。

这个词从字面上也很好理解，所谓准备金，也就是准备你去取的钱。

那么，银行每吸纳我们这样的人 100 元存款，他要交给国家多少呢？这个比例就叫作存款准备金率。比如，我们国家这一次降准之后，大型金融机构的存款准备金率就是 15.5%，中小型金融机构的存款准备金率就是 13.5%。

也就是说，对于大型金融机构来说，它每吸纳 100 元的存款，要向国家交 15.5 元。剩下的 84.5 元，才是它们可以用于对外贷款的钱，当然实际操作中，它还要留一部分钱，预备我们这些储户随时到它那里去取钱。存在国家那里的那一部分准备金，不是随随便便可以用的，从逻辑上讲只是为了应付突发事件。

对于中小型金融机构来说，也是一样的道理。

理解了存款准备金率以后，我们也就很好理解降低存款准备金率是什么意思了。以本次降准为例，对于大型金融机构来说，存款准备金率将由原来的 16% 降到 15.5%——降了 0.5 个百分点。

这也就意味着，降准以前银行每吸纳 100 元存款，它要在国家那里存 16 元。降准以后，它只需要在国家那里存 15.5 元，留在自己手上的钱多了 0.5 元。

这就是存款准备金率的来源和功效，也是银行在接收了你我这些人的存款之后，背后操作的内幕。

事情说到这儿，似乎基本说清楚了。

但恰恰相反，我们要说的事儿才刚刚开始。

因为，如果存款准备金仅仅是为了保证你我这些储户的资金安全的话，我们其实完全可以不去管它，因为我们在心理上，还从来没有担心过我们存在银行里的钱的安全问题。相反，我们口口声声地说，钱存在银行里是最安全的。所以，如果存款准备金只是这一个原始的功用，那么国家降不降准，对我们应该没有太大心理上的影响，我们也不会去关心它，更不会去热火朝天地议论它。

那为什么国家每一次对存款准备金率的调整，都会在社会上掀起轩然大波呢？

因为，存款准备金的来历和逻辑基础是上面说的这样，但是经过演变之后，对于经济社会的影响却远远不止上面的这些内容了。

第22章
银行是怎样把100元变成700元的？

作者按：

本文写作和在网络发布的时间为2018年7月。

上一章我们说过，所谓存款准备金，以100元为例，就是银行每吸纳100元的存款时，要放在国家那里的那些钱，其余的钱它可以再转手借给别人赚取利息。存放在国家那里的那部分钱用途在于，如果当我们这些储户要向银行取钱的时候，银行把它手头的钱都借出去了，没钱给我们了，就可以把它存在国家那里的那部分钱拿出来给我们。

当然，这种情况是比较极端的，是为了以防万一。通常情况下，储户到银行那里取钱，银行应该用自己手头的钱来支付。自然，为了做到这一点，银行应该做好自己的资金规划。

所谓存款准备金率，就是银行存放在国家那里的那部分钱，占它所吸纳的总存款的比例。

所谓降准，就是降低存款准备金率。比如，6月24日，央行宣布降准0.5个百分点。对于大型金融机构而言意味着，降准之前它每吸纳100元存款要存16元到国家那里；降准之后，它只需要存放15.5元到国家那里。也就是存款准备金率由16%降为15.5%，降低了0.5个百分点。对于小型金融机构来说，这次降准，存款准备金率由14%降到13.5%，道理是一样的。

这样说来，降低或者提高存款准备金率，主要是为了保证我们这些储户存在银行里的钱的安全问题。但就现实层面而言，降低或者提高存款准备金率的意义远远不止这些。

它的意义在哪儿？

它的意义在于，增加或者减少市场上的货币供应量。

我们以大型金融机构为例。原来大型金融机构吸纳100元存款，手上可以留84元。这84元，大型金融机构可以再借给别人，这意味着，市场上存在着84元的货币供应量。而存款准备金率降低0.5个百分点之后，银行每吸纳100元存款，手上就可以留84.5元，此时市场上存在的货币供应量，由84元增加到84.5元，增加了0.5元。

大家不要小看这0.5元。由于金融机构吸纳的存款总额非常大，每100元的存款增加0.5元的货币供应量，那一千、一万、一亿、十亿、百亿的存款，分别能增加多少货币供应量呢？毫无疑问，越到后面，这个数字越大。

比方说，我们国家目前所有金融机构的存款余额大约是140万亿元。这次存款准备金率降低0.5个百分点。用140万亿元乘0.5%，结果是7000亿元——这也是为什么我们在很多文章里都可以看到7000亿元这个数字。这一次降准，市场上可以增加7000亿元的货币供应量。

然而事情到这里还远远没有结束。

事实上，这一次降准0.5个百分点，市场上增加的货币供应量，远远不是7000亿元，而是大约5万亿元。也就是7000亿元的7倍左右，相当于银行把100元变成了700元。

为什么会如此神奇呢？银行到底有什么招数？还有哪些金融内幕是我们没有掌握的呢？

事实上，这并不神奇，更谈不上什么内幕，这些都是公开的秘密，只不过我们大家平时不怎么关注罢了。

不过，要说清楚这个问题，还是要从银行后台的操作规则说起。所以，说它是金融内幕，倒也不算过分。只不过这都是阳光下的阳谋，而不是在黑箱里的阴谋。只要你愿意，你就可以了解和掌握这些内幕。

还是回到银行吧，看看银行是怎么干活的。

还是从我们把100元存进银行说起。

依旧以大型金融机构当前15.5%的存款准备金率为例。当我们把100元存到银行，那么，它需要拿出15.5元存放在国家那里，剩下的84.5元，它可以对外贷款。当它把这84.5元都贷给别人以后，会是什么样子呢？

自然，这84.5元，就变成了某个企业的钱，或者某个个人的钱。不管这些企业或者个人，将要把这些钱拿来做什么，有一点是可以肯定的，那就是在绝大多数情况下，他们不是把这些钱取成现金，放在自己口袋里，或者压在自己枕头下，或者放在自己的床底下，或者保险柜里。

他们会怎么办呢？答案很简单，他们还是会把钱存在银行里。

问题就出在这儿。

重复一遍：问题就出在这儿。

因为这样做，会产生非常神奇的效果，会让银行像变戏法一样变出钱来。

我们用生活常识就可以得出判断。那就是，这84.5元又变成了银行所吸纳的存款。

重复一遍：这84.5元又变成了银行所吸纳的存款。

银行新吸纳了84.5元的存款之后，会怎么办呢？

怎么办？那就是要把这84.5元的15.5%存到国家那里，剩下的部分，银行还可以用于对外贷款。

请允许我用一下计算器，算一算这个数字是多少。

好了，结果出来了，大约是13.1元。也就是说，当银行重新吸纳了这84.5元的存款之后，它需要拿出13.1元交存到国家那里，剩下的71.4元，它又可以用于对外贷款。

当银行把这 71.4 元，又全部借给社会上的企业或者个人之后，又会发生什么情况呢？

呵呵，我这里确实要使劲地呵呵几声。

因为游戏规则没变，银行只需要简单地复制这个过程就可以了。

而复制这个过程之后，最终的结果是什么呢？

第 23 章
5 万亿元，是多少钱？

作者按：

本文写作和在网络发布的时间为 2018 年 7 月。

在上一章，我详细分析了"存款准备金"，以 100 元和当前大型金融机构 15.5% 的存款准备金为例：当我们把 100 元存进银行，银行需要拿出 15.5 元交存到国家那里，然后就可以把剩下的 84.5 元贷给社会上的企业和个人。这些企业和个人拿到这些钱之后，又会把它重新存到银行里，于是这 84.5 元摇身一变又变成了银行所吸纳的存款，于是银行又可以先把其中的 15.5%，也就是 13.1 元交存到国家那里，然后把剩下的 71.4 元用于对外贷款。

接下来会发生什么呢？游戏规则没有变，银行只需要认真复制一下这个过程，并一直复制下去就可以了。

首先，这 71.4 元还是会被重新存进银行，于是又变成了银行所吸纳的存款。

然后，银行要把这 71.4 元里面的 15.5% 存放到国家那里，这个金额是

11.1元。剩下的60.3元，银行拿在手上又可以对外贷款。

然后呢？然后很简单，银行还是可以把这60.3元贷给企业和个人，企业和个人再把这钱存进银行，变成银行吸纳的存款。于是银行再按照15.5%的比例，拿一部分交存到国家，剩下的部分再对外贷款。

再然后呢？简单重复，一直就这么简单地重复下去。

这就是银行操作金钱的一个重大内幕！

是不是有点儿变戏法的意思？不过，我要说，这种所谓的"变戏法儿"是符合经济规则的，我们在这里不展开讲。

总而言之吧，这样的方法一直持续下去，一直变到银行可以用于对外贷款的钱无限接近于零。

当然从数学上讲，这笔钱的金额不可能彻底等于零。也就是说，方法可以永远执行下去。只不过，到最后，数值很小，已经没有太大实际意义。

说到这里，我们肯定要关注一个问题。那就是，这样无穷无尽地循环下去，银行通过这样的操作，我们存到银行的那100元，最终能形成多大规模的贷款呢？

这个问题应该交给数学去解决，而不是金融学或经济学来解决。

好在对于数学来讲，这基本上属于小儿科的问题，实在是太简单、太简单了。

这个计算的过程，我们可以不去管它，当然，特别喜欢钻研的朋友除外。

计算的结果就是，最终能够形成的贷款规模是最初吸纳的存款的n倍，这个n的具体数值，是存款准备金率的倒数。重复一遍，是存款准备金率的倒数。

比如，现在大型金融机构的存款准备金率是15.5%，那么15.5%的倒数是多少呢？就是1除以15.5%，它的结果就是6.5。现在小型金融机构的存款准备金率是13.5%。所以，计算的方法就是，1除以13.5%，结果是7.4。

上面计算的这个结果，6.5 也好，7.4 也好，有一个专门的称呼，或者说有一个专业的名词，叫作"货币倍数"。

重要的事情说三遍，所以再说两遍：货币倍数，货币倍数。

知道了货币倍数，我们就可以知道这次降准最终能给市场提供多大数量的货币供应量了。

这次降准，大型金融机构直接释放的存款是 5000 亿元，货币倍数是 6.5。中小型金融机构直接释放的存款是 2000 亿元，货币倍数是 7.4。我们用 5000 亿元乘 6.5 加上 2000 亿元乘 7.4，其结果就是将近 5 万亿元。

所以，我们在很多关于这次降准的文章上都能看到 5 万亿元这个词。

终于说清楚了！

而 5 万亿元是个什么概念呢？也就是说，5 万亿元到底是多少钱？

为什么把这个问题专门当个问题来提呢？

其实对于我们大多数人来说，基本上没见过 1 亿元这么大金额的钱，当然土豪除外。那也就是说，十亿、百亿、千亿、万亿、两万亿、三万亿、四万亿、五万亿，这么大的数字，到底是多少钱大部分人是没什么概念的！

甚至可以说，在我这样的人的脑子里面，你要是问我，100 元和 1000 元有什么区别，我是非常清楚的。但是，你要是问我，1 亿元和 10 亿元有什么区别，我是没有清晰概念的，反正我没玩过这么大金额的钱。

但是我们可以做一个比较，通过比较，我们就可以知道 5 万亿元是多少钱了。

做什么比较呢？很多人对十年前（此处指 2008 年）的 4 万亿元的刺激计划深有印象，而且，市场上质疑的声音很大，很大的原因就在于，4 万亿元，这个数字太大了。

好了，我们今天分析的结论是 5 万亿元，比当年的 4 万亿元还多 1 万亿元——这样应该就可以感受到这个数字有多大了。

那么这是不是就意味着，市场上就会有铺天盖地的钱汹涌而来了？是不是意味着从现在开始，中国的钱就会多得不得了呢？

很遗憾，不是的。

为什么不是呢？因为这一次降准，有一个限定词，这个限定词叫"定向"。关于定向降准，前文做过拆解，下一章再详细地讲一讲。

第 24 章
买书的钱，不能打游戏

作者按：

本文写作和在网络发布的时间为 2018 年 7 月。

这一次的降准释放了 7000 亿元的资金，根据货币倍数的原理，大约可以向市场上提供将近 5 万亿元的货币供应。

那么，这些钱会流向哪里呢？

很多人大约都要追问，会不会流向股市和楼市？因为我们这些普通投资者，都很关注这两个地方。

这一段时间以来，有很多文章都在回答这个问题。不过，令人非常遗憾的是，答案并不统一，有的人的回答是"是"，有的人的回答是"不是"。

对于大多数投资者来说，两个相反的结论，我们该信谁呢？

这大约是我们在面对很多财经评论问题的时候，所面临的一个非常普遍的困扰。

怎么办？

依我看，还是信自己吧！更何况搞清楚这个问题并不难。

而且我还要告诉大家一个秘密，当你真正把这个问题弄清楚了以后，你会发现，不管是回答"是"，还是回答"不是"，他们都是对的，但同时他们又都是不对的。

这貌似有点儿意思了。既然有意思，我们就来掰扯掰扯。

我们先来说说"不是"的道理。

"不是"的道理的核心在于两个字，这两个字就是：定向。

所谓定向，就是指这一次降准释放出来的资金只能用于指定的用途，而不能用于其他。而这个指定的用途，自然是不包括股市和楼市的。

我打一个比方。一个家长给孩子 100 元买书的钱，并要求他不能用这个钱去打游戏。所以孩子手上虽然增加了 100 元钱，但是他打游戏依然是没钱。这就叫作定向。

这一次的降准是定到了哪个方向呢？

回答是：两个方向。

第一个方向是债转股。债转股是什么意思呢？就是说有很多企业向银行借了钱，到期是要还的。实行债转股之后，银行就可以不让它还钱，直接把这个债权转成股权。

这样说貌似还是不直观，那么就举一个具体的例子。比如，某企业有净资产 9 个亿，它同时在银行贷款了 1 个亿，还款期限是今年 10 月底。正常情况下，它在 10 月底以前必须筹到钱，把这 1 个亿的资金还上。有了债转股这个政策之后，银行可以让它下属的资产管理公司跟它说："算了，你不用还银行的钱了，那 1 个亿，算我投资，我来当你的股东。"于是两家算账，这个企业原来的净资产是 9 个亿，加上银行的这 1 个亿，就变成总资产 10 个亿。其中资产管理公司的投资是 1 个亿，占股比例是 10%。

那资产管理公司的这 1 个亿的钱从哪儿来呢？自然是银行贷款给它。那银行贷款给资产管理公司的钱又是从哪儿来呢？自然是来源于这一次降准当中释放出来的钱。

这么一种操作，你说钱会不会流向股市和楼市？

上面说的是这种操作的背后本质，在具体的操作程序上通常是这样的，这里也顺便说一说：

第一步，银行基于这样一个宏大的规划，向资产管理公司贷款1个亿。

第二步，银行将自己所拥有的债权转移给资产管理公司，而资产管理公司支付给银行1个亿的资金。这样，银行贷款给资产管理公司的1个亿的资金，又回到了银行，于是银行的风险解除。与此同时，企业欠银行的钱就变成了欠资产管理公司的钱。从逻辑上讲，到这一步，企业依然是要还钱的，只不过还钱的对象由银行变成了资产管理公司。

第三步，资产管理公司和企业签订合同，放弃这1个亿的债权后拥有了企业有1个亿的股权。到了这一步，对于企业来说就不需要还钱了，但同时企业多了一个股东，这个股东就是资产管理公司。对于资产管理公司来说，它没有权力要求企业还它的欠款了，但它成了企业的股东，可以从企业的收益当中直接分红。

走到这一步，债转股的过程就全部走完了，当然还会有后面的故事。后面的故事大致情节是这样的：在这种情况下成为股东，资产管理公司也并不是真心要当这个企业的股东，只是想帮助企业渡过难关，所以当企业经营状况好转的时候，这位特殊的股东就会通过适当的方式把自己的股权再转移出去。转移出去之后，它失去了股权，但会得到一大笔资金，它可以用这笔资金偿还银行的贷款（不要忘了，资产管理公司还欠着银行1个亿的贷款）。

这就是关于债转股这个方向的"定向"。

下面说说这次降准定向的第二个方向：小微企业贷款。

这个方向的分析要简单得多。一言以蔽之，本次降准释放出来的资金，只能借贷给那些小微企业，而且贷款时对这些小微企业是要进行甄别，而从事房地产开发及相关产业的小微企业自然就在这"甄别"之列。

所以这一部分钱也不会流向股市和楼市。

总之，从定向的两个方向分析可以知道，这一次降准所释放出来的资金不会流向股市和楼市。

事情就这么完了吗？

没有。

因为，虽然不会直接流向股市和楼市，但还是会有间接的因素，让股市和楼市的资金供应变得更加充裕一些。

第25章
股市里飘来降准的芳香

作者按：
本文写作和在网络发布的时间为2018年7月。

如上一章所述，这一次降准是定向降准，信贷方向是锁定的，并不包括股市和楼市，所以降准之后，资金并不会流向股市和楼市。但事情不是绝对的。由于市场上资金在总体上的联动性，那么这种降准还是会推动部分资金变相地流向股市和楼市。

那么，我们现在还是像上一章一样，从两个方向分别来说明，为什么降准会间接地推动部分资金变相流向股市和楼市。

首先来看债转股这个定向。

还是延续上一章所举的例子。由于债转股，企业原本要筹集1个亿的资金偿还银行的贷款，现在不需要了。

那这节约出来的1个亿的资金会干什么呢？

通常情况下，实行债转股的企业都是经营困难的企业，是没有多少闲置资金的。甚至很多企业的流动资金都成问题，既然本来就没钱，自然也就没有可能把钱转移到股市和楼市。要么就是企业虽然有钱，但当务之急是要搞好自己的生产经营，而不是去投资股市楼市——更何况这样做是违规的。

但是另一方面，企业本来应该给银行还1个亿的资金，现在不需要还了，站在全社会的角度，它为全社会腾挪出来了1个亿的闲置资金。比如，企业本来要到民间去拆借1个亿的资金，现在不需要了，那民间的那1个亿的资金就闲置出来了。这民间的1个亿的资金会去干什么呢？选择是多样的，虽然降准有定向，但难免有一部分会流进股市和楼市。

所以说，债转股这种操作，虽然数量有限，多多少少也还是会增加一些股市和楼市的资金供应量的。

我们再来看看小微企业贷款这个定向方向。

小微企业贷到款以后会干什么呢？自然是改善生产经营。所以一般来说，钱是不会流入股市和楼市的。

可是，你能保证这些企业百分之百地把从银行借到的钱全部用于生产经营吗？而且，也不排除有少数小微企业本来不缺钱，当然也不容易从银行借到款。现在好政策来了，找银行再借一些款也不错——这种情况下，这笔钱对企业来说就是多出来的，这笔多出来的钱，能保证不流入股市和楼市吗？

进一步地，对于那些本来就需要贷款的小微企业，如果不能从银行贷到款，它们可能就会到民间拆借资金。现在它不到民间去拆借资金了，它直接到银行去贷款了，那么民间的这一部分资金就被闲置出来了。这一部分资金有没有可能有一部分去股市和楼市呢？自然是有的。

这样说来，定向降准这种操作，虽然都不向股市和楼市直接输送资金，但也还是间接地还是会推动一些资金流向股市和楼市。

这就好比家长给了孩子100元买书，本来无意让他去打游戏。但是有下面几种情况可能会让游戏机房的生意也会变得好一点儿。

一是孩子手上本来有30元准备买书，现在家长又给了他100元，他买书的钱足够了，于是他可能会拿着原先那30元钱打游戏。

二是孩子可能本来想向同学借100元买书，现在家长给了他100元，他不需要向同学借钱了，于是同学手上的钱就有可能拿去打游戏——有可能是同学本人去打游戏，也有可能是这个同学把钱借给别的同学去打游戏。

当然还会有第三种、第四种可能，诸位自行想象，就不一一列举了。

总而言之，当家长给孩子买书的钱多了以后，书店的生意变得好一些是自然的。同时，游戏机房的生意也会有好转。不过家长给钱毕竟不是让孩子打游戏的，所以游戏机房生意的好转也有限。

定向降准虽然并不是针对股市和楼市，但对股市和楼市的资金供应还是有正面、积极作用的——无论作用大小，总之是有的。

那么接下来的问题就来了，股市和楼市会因此而上涨吗？

第26章
"不知道"的越多，绕过的坑就越多

作者按：

本文写作和在网络发布的时间为2018年7月。

在第24章，我们通过分析得出以下结论：降准并不会导致资金大幅度地流向股市和楼市。在第25章我们又讲到，这次降准多多少少会让少部分资金间接地流向股市和楼市。

现在情况已经非常明了：无论如何，不管多也好，少也好，总而言之，降准，利好股市和楼市的，至于力度的大小，可以暂且忽略。

既然是利好消息，那么新问题自然而然就产生了：股价和房价，会因此而上涨吗？

我的回答既不是"是"，也不是"不是"，我的回答是：不知道！

这个回答可能会让很多人非常失望，因为很多人都希望有一个比较靠谱的人，给出一个绝对正确的答案，大家再依此操作，大发一笔横财，岂不快哉！

很遗憾，我是真的不知道！

有很多人可能会在心里对我说："你在这里煞有介事地讲这么多货币知识，有不少东西看起来还挺高深莫测，你已经装出了一副满腹经纶的状态。"甚至有人会说："我已经对你有点儿崇拜了，结果你讲了那么多大道理，在面对这样一个具体问题的时候，你竟然说不知道，你好意思吗？你有意思吗？你学了那么多货币知识，又讲了那么多道理，怎么就一点儿用处都没有呢？如果一点儿用处都没有，我们还来学这些货币知识干吗呢？你还在这里絮絮叨叨地讲个不停，还有啥意思呢？"

可是不管你怎么说，我只能硬着头皮地回答你，我真的不知道。不是我不告诉你，不是我想把秘密留在自己心里自己一个人悄悄赚钱，是我真的真的真的不知道。

而且我还要告诉诸位：根据我在资本市场上多年的经历，目前最大的体会就是，我在很多方面都是因为"不知道"才赚了钱。

通常来说，赚钱是因为"知道"很多东西，可是我在这里却要说，因为我"不知道"很多东西，我才能够赚钱，啥意思？绕口令吗？

绝对不是绕口令。

我的逻辑是：我的自我认知非常清晰，我对很多问题的回答是"不知道"，所以也就不敢去操作，因为不敢去操作，进一步也就躲过了很多风险。

那赚钱又是依靠什么呢？

依靠我知道其中很小很小的一点儿知识。

如果要量化来说，在 100 个问题当中，我对 99 个问题的回答都是"不知道"，于是就避开了 99 个坑，而我对其中一个问题的回答是"知道"，于是我就从这个问题上，赚了些钱。

严格地说，上面这个比方不太准确，应该把它的基数扩大，扩大到 1 万。比方说，对于资本市场，对于金融市场，可能我们要回答 1 万个问题，可是 9999 个问题，我的回答都是"不知道"，于是我就回避了 9999 个坑，然后我对其中一个问题的回答是"知道"，于是我仗着对这一个问题的"知道"，就能够赚一点儿钱。

那么，我们要怎么做才能又躲过坑，又能赚钱呢？

第 27 章
赚钱：从做一个正常人开始

作者按：

本文写作和在网络发布的时间为 2018 年 7 月。

上一章说过，"不知道"的东西越多，绕过的坑就越多。但是光指望"不知道"想赚钱不行，想赚钱还是要"知道"一些东西。因此，在资本市场上投资，在金融市场上玩耍，必须修炼两种功夫，一种功夫是"知道"的功夫，也就是说，你知道什么、你懂什么，这是你赚钱的家底。另一种功夫就是"不知道"的功夫，你必须知道你不知道什么东西，你不知道的东西越多，你能回避的风险就越多，你能绕过的坑就越多。

市场上很多人亏钱，原因就在于他把很多"不知道"的东西误认为"知道"。

我们通常说，炒股时间长了的人都是一个业余经济学家。这说明我们都非常爱学习，而且真的学到了很多东西。但是这也带来另外一个副产品，那就是，学习让我们误以为我们"知道"很多东西。

比如，当我们费了很大的劲，学到了很多金融知识，终于确切地知道，这次降准多多少少会推动一些资金间接进入股市和楼市，这本来是一件好事。

但是世界上没有绝对的好事，也没有绝对的坏事。这个好事带来的一个副作用就是，它让我们误以为自己可以凭此判断股市的涨跌。

那为什么知识越多错误反而越多呢？比如说股市上，十个人参与，七个人亏本，两个人不亏不赚，一个人赚钱。也就是说，只有30%的人没有亏钱，而70%的人亏了钱。我们看看，市场上那些因为知识不足而不敢参与股市的人，有多少人没亏钱呢？回答是，百分之百没亏钱，因为他们根本就没参与股市，自然不会亏钱。

我们看到了两个群体，一个是通过刻苦学习，成为业余经济学家而炒股的群体，这个群体里面有70%的人亏钱。另一个是根本就不学习，因而也不参与股市的群体，这个群体则百分之百没有亏钱。

这也太奇怪了，而这个奇怪的现象足以引起我们每一个人的重视，足以让我们每一个人都寝食难安，否则，你应该算不上一个负责的投资者。

为什么会出现这么奇怪的现象呢？

原因很简单：你学得还不够！

打个比方，有兄弟二人，哥哥到一个拳师那里去学武术，而弟弟在家种地，一丝一毫都不接触武术。哥哥学了三个月，终于掌握了一些技法。和弟弟比，他的武艺要高一些。

如果有一天，兄弟二人上街，路见不平。这个时候，哥哥仗着自己毕竟学了几天武术，拔刀相助，而弟弟却在旁边吓得腿直哆嗦。

你想象一下，一个仅仅学了三个月武术的人，上去面对穷凶极恶的歹徒，他的风险有多大？

说来说去就一句话：当我们掌握了一部分金融知识之后，我们要深刻地认识到，我们掌握得还不够。

那是不是知识越多，功力就越强，风险就越小呢？

也不是！

我们会发现，有很多经济学知识特别渊博的人，在投资领域的收益并不是很好。

为什么会这样呢？

我的回答是，他在关键的几个地方，没有发现自己不知道！

也就是说，为了投资，必须学很多知识，对很多问题有透彻的理解才行。但是，这并不是简单的累加，而要在几个关键的问题上知道风险所在。你知道了风险，就不会去涉足。你不去涉足，你就回避了风险。

这就好比是一个游泳的人，不管你的游泳技术多高，你都必须清楚，哪一片水域，由于水流湍急，水底深不可测，你万万不可下水，而不是不停地去苦练游泳的技术，以图在任何水域、任何时候都能下水。这个目标是不可能达到的。

相反，我还会在后面的内容当中专门说到，其实投资最重要的是通过掌握一些投资知识、金融知识和经济学知识，让自己回归成一个正常人，只要我们按照正常人的思维去做事，就自然回避了很多风险。

而实际情况是，当我们想去投资的时候，我们就去学很多知识。我们学的知识越多，就会发现我们越来越不是一个正常人。比方说，正常人都能看出来的风险，我们自以为身怀绝技，就不认为那是风险，于是一头扎进去，最后头破血流。

还有，正常人都知道天上不会掉馅儿饼，但是，很多在金融市场搏杀的人，由于掌握了一些金融知识和所谓的金融技巧，就认为天上还是可以掉馅儿饼的，于是积极参与。结果呢？结果证明，天上真的不会掉馅儿饼。就是这么回事儿！

而当我们回归一个正常人后，面对股市和楼市，要考虑哪些问题呢？

第 28 章
股市多少事，都付笑谈中

作者按：

本文写作和在网络发布的时间为 2018 年 8 月。

前面我们用了两章的内容，讲了一些理念方面的问题，非常虚，但是非常管用，非常重要。务虚的内容讲完了，下面来讲实操。而讲实操的时候就没办法既掰开揉碎地讲，又讲得非常清晰了，因此请诸位先原谅我的啰唆。

下面不务虚了，来务实：为什么我们面对降准这种直接的利好，还是无法判断股市和楼市究竟能否上涨呢？

就具体情况而言，股市和楼市这两个市场区别很大，简单起见，我们就选择股市来说道说道。大家可以按照同样的道理去类推楼市。

决定股市涨跌的因素有多少呢？

我想用"数不胜数"这个词来表达。

我对这个问题的回答，是我"不知道"的基本立足点。这一点很重要。

如果你不能接受这个观点，你认为决定股市涨跌的因素屈指可数，或者能够被你所控制，那我们两个人在源头上就不是一路人。

而关注股市涨跌的时候应该关注些什么呢？

是否需要关注市场上货币的供应量？我们研究降准会不会导致有部分资金进入股市，就是从这个角度来讲的。

是否要关注国家层面的经济政策、今年的GDP增长会是多少？以便推算出股市中我们买进的企业标的的利润是多少。

是否要关注中美贸易战的结果？美国人会不会对我们在500亿元基础上再加征2000亿元关税，加征之后会不会继续加征2000亿元？

是否要关注国际上有多少像索罗斯这样的金融玩家，正在虎视眈眈地盯着中国的金融市场，而他们手上到底又有多少资金？他们又有多高的操盘技术和能力？

是否要关注中央汇金公司这样的国家队的作战状态？它手上有多少弹药？它在什么时候出手？它出手的力度有多大？

是否要关注有多少社会游资，正在悄悄地觊觎我们优质的国有企业，想通过资本市场进行控股？

还要有多少人会做黑庄、关注某一个具体企业的生产经营——他的老板换没换？换了老板之后的经营思路跟原来有什么不同？不同的经营思路又会带来什么样的后果？

还要关注新兴产业对于你所瞄准的投资标的有无影响。比如大数据已经到来，人工智能已经到来，传统产业将何去何从？网络购物已经大行其道，那传统的商业模式还有生存空间吗？如果你说没有，但是网购的大鳄们却正在进军传统的商业领域。如果你说传统的商业模式还有生存的余地，为什么传统商业模式的营业额是持续下降的？

目前，淘宝等网络购物已经大大地缩短了人和物之间的距离，我们购物越来越依赖网络。与此同时，悄然之间，优选也已经在建立平台来搭建人和服务之间的联系，未来能够产生多大的产值？对你所投资的标的又有什么影响？

……

哎呀，实在太多了，说不完！如果就这样说下去，这本书甚至可以就这个问题说个无穷无尽了。

还是打住吧，这样说得太多了，可能是在浪费时间。总而言之，我想表达的是：股市里要考虑的问题，可以用"数不胜数"来描述。

进一步地，我的意思是：你要判断股市的涨跌，这些问题都搞清楚了吗？你搞得清楚吗？就算你把现在、此时此刻关于这些问题的回答都搞清楚了，你能搞清楚明天对这个问题的回答吗？后天呢？这一个星期呢？下一个星期呢？下一个月呢？下一个年度呢？再下两个年度、三个年度、四个年度呢？想象一下，即使用我们最先进的超级计算机，也很难计算出它的结果！更何况这些问题的原始数据，我们根本就无法取得。不仅我们这样的常人无法取得，大型的研究机构也只能取得一部分，而无法全部取得。

基于上述判断，我想说，虽然我确切地知道了降准对股市是一个利好，但是我依然不知道股市的涨跌。

那么，在我心中，股市是个什么样的股市呢？

第 29 章
股市，就是一个大水池

作者按：
本文写作和在网络发布的时间为 2018 年 8 月。

在上一章，我们阐述了以下观点：在股市里研究涨跌，应当考虑的因素很多，甚至可说是无穷无尽的。在此基础上，我想向大家奉献一个盘旋在我脑子中的股市形象——下面我来给股市画一个像。

在我脑子当中，股市就是一个硕大无比的水池。水池的温度就是股市的价格，也就是股市的指数。水池的温度的升降，就好比是股市的涨跌。

那么，面对这个硕大无比的水池，有千千万万的人在给这个池子加水，有的人加的是热水，这就好比是股市里去买进，也就是股市上涨的力量；有的人在给这个水池子加冷水，相当于股市里的卖出，也就是股市里下跌的力量。每天开市，就相当于打开了一个门，让所有的人都可以自由地根据自己的选择，向这个池子加热水或者凉水。

那么，这会是一种什么情况呢？

首先，参与的人非常多。每时每刻都有无穷无尽的、数不清的水往里倒。

其次，每时每刻，每个人加进去的水的数量是不一样的，有的人是一勺，有的人是一碗，有的人是一杯，有的人是一桶，有的人干脆，开着水车不停地往里面灌。

最后，每个人加水的温度是不一样的，同样都是加热水，有的人加的是

30℃的，有的人是40℃的，有的人是50℃的，有的人是80℃、90℃、100℃的。同样是加凉的，有的人加的是20℃、10℃、0℃，或者零下10℃、零下20℃、零下30℃，等等。

这么多人这样往里加水，请问在每时每刻，水的温度到底是多少呢？你能计算出来吗？

而我们通常犯的错误就是，我们一旦看到有人加热水，就认为水温会升高。

比方说，加热水的人要走专门的热水道路，加凉水的人要走专门的凉水道路。当我们听说加热水的道路马上要扩宽，而且施工将会很快完毕的时候，我们就认为加热水的人会越来越多。

或者干脆，当我们发现有一大罐子车里面装的是热水的时候就认为，这个水池子的水温会升高。

可是我们忘了，在同一个时刻，你看到了加热水的人、车、路，可是你有没有想到，加冷水的人、车和路是什么状况！

还有更要命的问题。当我们知道了国家要对加热水的人所走的道路进行扩宽改造的时候——一般来说，我们认为这是一个利好的消息。可是每个人都这么认为吗？并不一定，有的人会认为既然要修路，那短时间内加热水的这条路，通行便利程度会下降，会影响加热水的人来加热水。所以，水温可能会下降，于是很有可能加冷水的那条路上会更加拥挤。

还有的人会认为，既然加热水的路需要扩宽改造，那说明加热水的那条道路已经出现了严重的问题，如果没有问题，国家怎么会去管这件事情呢？于是很多人也认为水温会下降，就会跑到冷水的道路上去，给这个水池子加冷水。

说来说去就是一句话，同一个消息，同一个事件，有的人认为它是利好，有的人认为它是利空。

就拿现在的降准来说，我们在前面的分析当中推理出来了，它会导致一部分资金进入股市，这应该算是加热水的好消息。

可是每个人都这样认为吗？

肯定不是。

因为很多人认为，既然国家要定向降准，定向又是为了解决债转股和小微企业融资的困难，说明有很多企业出了问题。这些企业很有可能是因为还不起银行的钱，而国家是为了救助这些企业，让它们缓一口气。

那么，很多企业都到了要国家输血来缓一口气的时候，你觉得这是一个利空消息，还是一个利好消息？关于小微企业贷款，既然国家定向降准，要支持小微企业的贷款，那就说明小微企业的融资已经到了非常困难的时候，请问这些企业的经营状况会是如何呢？如果再联想到中美贸易战，再联想到大家都在说2018年和2019年很有可能要发生经济危机，这样的一些传闻和分析，你会对降准这件事情做什么样的判断呢？

不过，通过上面的分析，我们完全可以得出一个结论，这个结论就是，对于股市的涨跌，我们应该完全用不可知论来对待。

所以我才说，降准能够间接推动少量资金进入股市，可是对于股市的涨跌，我依然是"不知道"三个字。

那么，既然我们不知道股市接下来的趋势，就应该远离股市。可是，为什么我们还一直要在股市上活着呢？

那是因为在股市上，大部分事情都是无法知道的，而少数的事情是可以知道的，事实上，哪怕你只知道一件事，就能够在股市上生存并且发展。

这就好比我们这个世界上所存在的技术有千千万万，可是对于我们每一个具体的人来讲，只需要掌握其中一项技能，就能够丰衣足食。一招鲜吃遍天，就是这个道理。

那么，股市上有哪些事情是可以确切地知道的呢？

第30章
"大咖"们的想法很朴素

作者按：

本文写作和在网络发布的时间为2018年8月。

在前面几章，我们分别从不同的角度讲了一个核心理念：股市里有很多事情都是不确定的，都是我们"不知道"的。当然，我们也说了，要想在股市里赚钱，还是要"知道"一些东西，否则寸步难行。

接下来就来说一说，股市里面应该知道什么东西，或者说我们可以知道什么东西。

要想说清楚这个问题，必须先讲点理论知识。

一说起讲理论，大家的心情就会紧张，甚至多多少少有点排斥。其实不然，本书中所讲的理论都是通俗易懂而又能登大雅之堂的。就现实层面而言，这些理论简单直观，还有"大咖"背书。

我们从哪儿说起呢？还是从萝卜、白菜说起吧。

我们都知道，萝卜、白菜的价格是不确定的，总是在波动，有的时候便宜，有的时候贵。

所以我们说，它的价格总在一个区间里波动。既然是一个区间，就该有一个中轴线。虽然这个中轴线是我们理念当中的，但它依旧是客观存在的。

而商品的价格虽然在不停变动，却也总是围绕中轴线变动的，一会儿低于它，一会儿高于它，一会儿离它近，一会儿离它远。而中轴线就像磁石一般，牢牢地控制着商品价格的波动，让波动不会离自己太远。

其实到这里我们的理论就已经讲完了——是不是很惊喜。

我是说话算话的——我反复申明，我的理论非常简单。

可能有人会不相信，会说，世间有这么简单的理论吗？这也能算是"理论"吗？我想说的是：算。

而且我们在这里这么简单地讲出来的理论，有经济学界的"大咖"、圣人、神仙一般的人物为我们背书。

这些人是谁呢？

第一个要说的就是近现代意义上的经济学的开山鼻祖——亚当·斯密。

他生于1723年，逝世于1790年。在正式的场合，经济学界给他的盖棺论定是：经济学的主要创立者。

这可是名震寰宇的大人物，足以让我们每一个人顶礼膜拜。亚当·斯密写了一本书叫《国富论》。这本书的全称是《国民财富的性质和原因的研究》，我们在第20章"你和我，是银行最大的金主"里面说过，汉语的浓缩是一个极有意思的文化现象，这里再一次找到了印证。我们中国人喜欢言简意赅，把这本名字挺长的书简称为《国富论》。相信爱好经济学的人无人不知此书。

亚当·斯密在这本书的第一章第七节"论商品的自然价格和市场价格"里面，用了整整一节、6000余字的篇幅，专门论述我们上面讲到的这个所谓的理论。

他把商品的日常价格称为市场价格，把价格波动区间里的那个中轴线称为自然价格，又叫中心价格。

他在这一节的第七自然段说："商品出卖的实际价格，又可以叫作商品的市场价格。有时候商品的市场价格高于它的自然价格，有时低于它的自然价格，有时它们刚好一致。"

他还在这一节里面详细论述了什么情况下，市场价格会高于自然价格，那就是需求大于供给时，以及什么情况下市场价格低于自然价格，那就是需求小于供给时。我们在第12章"人民币和白菜遵循相同的规律"里面，专门讲了任何商品都遵循这个规则。

其实真正在实际的经济活动当中管用的理论，主要的就是这两条。

在前文中，我重点说了供求关系对商品价格的影响。从本章开始则会着重论述价格上下波动的问题。如果朋友们长期关注我就会发现，我讲的绝大部分内容都离不开这两条。或者说，这么多年来，我自认为我真正把它理解透了的理论，也就这两条。

我们经常说程咬金只有三斧头。我想给大家说的是，我没有三斧头，我只有这两斧头。而这两斧头，我到现在为止已经全部奉献给大家了。

更为重要的是，这两斧头一点儿都不高深莫测，相反它非常简单明了。

我身边的朋友有的时候跟我开玩笑说："我看你也没啥本事，所有的事情，绕来绕去，都会绕到这两条上。"是的，我真的就只会这两条，所以，大家千万不要认为我是一个水平很高人。

就是这样一个简单直观而又好学管用的理论，竟然有"大咖"为它撑腰。除了亚当·斯密，还有其他"大咖"为这个理论背书吗？有。不仅有，而且都是名震寰宇的大人物。他们都是谁呢？

第 31 章
赚钱的要诀在高中课堂上

作者按：

本文写作和在网络发布的时间为 2018 年 8 月。

上一章我们讲了一个简单实用的理论，并且还讲了一个为这个理论背书的经济学泰斗——亚当·斯密。

现在说第二个为这个理论背书的人，这个人叫大卫·李嘉图。

大卫·李嘉图生于 1772 年，也就是中国的乾隆三十七年，逝世于 1823 年，也就是中国的道光三年。在正式场合，我们对他的评价是，古典经济学理论的完成者。

不知道大家注意到了没有，前面那个是古典亚当·斯密经济学的创立者，这个大卫·李嘉图是完成者。你说这两个人厉害不厉害？

而他们两个人都为我今天讲的理论，做了背书。你说，我说的这个东西算不算理论？所以不要小看简单的东西，简单的东西往往就是特别高雅的东西。

大卫·李嘉图更厉害的一点是：他是我所知道的经济学巨人里面，直接在证券市场上获得巨额财富的人。他去世的时候资产有 70 万英镑，大约相当于现在数千万美元。

我们在第 8 章"战争和金融，哪个来钱快？"里面，讲了内森·罗斯柴尔德在英国公债市场上两天的收益，超过了不可一世的拿破仑几十年打仗所获得的收益总和。我还要说，大卫·李嘉图，这个经济学家，也在那场金融战中发了大财。他在滑铁卢战役前四天，成功买进了大量的英国公债，结果英国的威灵顿将军打败了法国的拿破仑元帅，于是大卫·李嘉图大赚了一笔。

就是这样一个人，他在1817年，也就是滑铁卢战役前后发了大财之后的第三年，发表了《政治经济学与赋税原理》一书。在这本书中，他对亚当·斯密关于市场价格和自然价格的理论进行了进一步的阐述，我们这里不再赘述。

第三个为这个理论背书的人，就是大名鼎鼎的马克思。

是的，这里所说的马克思，就是我们大家耳熟能详的那个马克思，不是别的马克思。马克思的名号我们就不用说了，尤其是在社会主义国家。

那么在资本主义国家，马克思的名声如何呢？

1999年，英国广播公司开展了一个评选，评选"千年思想家"，马克思不仅当选，而且名列第一。评选出的十大思想家的排名是：马克思、爱因斯坦、牛顿、达尔文、托马斯、阿奎纳、霍金、康德、笛卡儿、麦克斯韦、尼采。

我想说的是，马克思一辈子在研究什么。一句话，资本主义必然灭亡。用我们老百姓的话说，他一辈子都在诅咒资本主义要死。

可是，这个被他诅咒要死的制度下的一个典型国家，却把他评为排名第一的千年思想家，可见他的思想多么被大家认可。

马克思一生研究成果的结论大部分在政治方面，但是他研究的切入点却是从经济学开始的，他彪炳史册的《资本论》，是一本经济学著作，我相信没有人不知道。

他在《资本论》里说了些什么呢？自然是说了很多东西，但他是从商品说起的，同时，他继承了亚当·斯密和大卫·李嘉图的思想。

在《资本论》第一卷里，他的第一篇，总共三章的内容里面全部是在说商品和货币，这一部分内容，在中文版里总共有120多页。

他论述的核心，就是把亚当·斯密所说的自然价格，或者叫中心价格，给说清楚了。不过，他把亚当·斯密所说的自然价格或者中心价格换了一个名称，把它称为价值。我们现在在市场上颇为流行的一种投资理念叫价值投资，价值一词的来源应该追溯到马克思那里。而且马克思同志对价值背后的深刻含义的论述，足以让人醍醐灌顶。这里我们不再啰唆，有兴趣的朋友可以翻阅一下《资本论》第一卷，尤其是第一章。

当然，马克思的论述重点，和亚当·斯密、大卫·李嘉图略有不同。他的重点在于说明商品的价值，也就是亚当·斯密所说的自然价格或中心价格，到底是个什么玩意儿。最后他的结论是，商品交换必须以这个玩意儿为核心进行等价交换。这其实说明了，价格是围绕价值波动的，为什么价格不会偏离价值太远？为什么价格终究会回到价值身边？

为我讲的这个简单理论背书的三位"大咖"都说完了。

事实上，我讲的价格围绕价值波动的理论，有很多牛人都曾为它背书，最早要数中国春秋时期的范蠡。范蠡是谁？他就是名列中国古代四大美女之一的西施的情人，也是越王勾践手下的谋士。他自己亲自谋划，把自己的情人送给了敌国国王。这个人后来没有再从政，而是去做生意了，取得了巨大的收获。

司马迁在《史记·货殖列传》一文当中，详细讲述了范蠡的经营理念，而他的经营理念也与这个理论相关，有兴趣的朋友可以去关注一下。

其实很多经济学上的理论，最早有认识、有阐述的是中国人。全世界最早的纸币也是产生于中国的北宋，而不是西方。北宋时产生的世界上最早的纸币，有一个在历史教材上认真说过的名字，叫作交子——交易的交，孩子的子。

言归正传，关于中国人在金融领域的厉害之处，下回再讲

我们接着说一说为什么会有这么多经济学界的"大咖"为这个理论背

书。我想，一方面是他们火眼金睛，水平很高；另一方面，也是更重要的是，这个理论显而易见，无可辩驳。

其实学者的过人之处并不在于他们新发明创造了什么东西，而在于发现了我们生活当中已经存在的一些东西，并且在此基础上进一步加以分析和应用。

上面说的商品的价格总是在变动，但却总是在围绕一个——被马克思称为价值，被亚当·斯密称为自然价格或中心价格的东西——波动。为了表述上的方便，也为了用词用语与现在的大众习惯相契合，我们选择马克思的表达习惯，采用价值这个说法。

我们现在来做一个简单的归纳。

亚当·斯密和大卫·李嘉图着重说了两点，一是价格围绕价值波动，而且有一个波动的区间。二是供大于求的时候，价格会低于价值；反之，价格会高于价值。而马克思说了一点：商品交换在本质上都是以价值为核心，实行等价交换。

不知道朋友们有没有觉得上述三条大家都很熟悉。

是的，你应该很熟悉，因为高中政治学教材浓墨重彩地讲了这个理论。这个理论的名字叫作价值规律。

还是老规矩，重要的事情说三遍，所以再说两遍：价值规律，价值规律。

由此可知，要想投资赚钱，其实并不需要去学习多么高深的理论，也不在于要有多么深奥的学问，把高中课本上的内容学好了，这辈子赚钱基本就够用了。不知这一观点有多少朋友认同。

当然，我们经常犯的错误在于，总觉得中学的那点儿皮毛不是什么学问，指望它赚钱心里总是惴惴不安，似乎只有无比高深的理论才是赚钱的依据。

所以我才在第27章专门说道，"赚钱：从做一个正常人开始"。

所谓正常人，首先是包括正常的思维，但是我想它应该包括"简单"二字。正常的人都是简单的，不应该高深莫测。

至此，价值规律基本阐释清楚了。本书用两章的内容讲完了高中政治教材中的一个重要知识点。只不过我的表述方法和角度与高中老师可能略有不同，但是事还是那么回事，没有什么复杂和神秘的。

那么接下来的问题是，怎样运用这样一个朴素而又上档次的理论帮我们挣钱呢？

第32章
把难的事放下，我们来做简单的

作者按：

本文写作和在网络发布的时间为2018年8月。

前面我们用了两章的篇幅，讲了一个简单实用的理论，以及三个经济学泰斗为它们背书的情况。

这个理论当中涉及两个概念，一个叫价格，一个叫价值。细想起来，我们会发现这两个玩意儿的脾气秉性大不相同。价格的脾气秉性是活蹦乱跳的，一直在变。而价值的脾气秉性却相反，它是相对稳定的，我们不能说它一直不变，它的变动不那么频繁，幅度也不那么大，相对来说比较稳定。如果说价格是一个活蹦乱跳的孩子，价值就像一个成熟沉稳的老者。

为什么这么说呢？我们来举一个例子。近几年来，茅台酒的价格经历了过山车一样的变动。最高的时候达到2000元一瓶，最低的时候却跌到了800元，现在大约又是接近2000元了。而白菜的价格低的时候大约是0.5元，贵的时候大约是2元。

我想请问大家一个问题，茅台的价格从 2000 元跌到 800 元的时候，它有没有可能跌到 2 元一瓶，也就是跌到白菜的价格水平上？

我想每个人都能对这个问题做出非常正确的回答：不可能。

为什么不可能？这两种商品的价格波动，都在背后被一个东西死死地管住了，这个东西就是价值。价值为什么有这么大的魔力，能够管住活蹦乱跳的价格，亚当·斯密和马克思都做了非常深刻的论述，我们在这里不再具体地讲，以后有机会了可以涉及一下。总之，这是客观事实。

价值和价格，这两个玩意儿，不同的脾气秉性，为我们的投资打开了方便之门。我们要感谢价值的成熟稳重，如果没有它的管束，价格就会成为一个没有边际、不着调的东西，因此我们就无从把握，也就无法赚钱。我们要感谢价格的活蹦乱跳，没有它的活跃，就没有波动，没有波动，就没有差价，没有差价，我们怎么赚钱呢？

从操作技术上讲，价格活蹦乱跳，非常难以把握。那我们为什么要强人所难，非要去把握它呢？

而价值的性情老成稳重，相对容易把握，我们为什么不去琢磨琢磨它呢？

何况，在这二者的关系当中，价值是核心，价格不管怎么跑，它都跑不到天边上去。它即使跑到天边上去，终究是要回到价值的怀抱里。

所以，如果我们把价值盯死看牢，我们就不担心价格跑得没影儿了。我们把价值看牢了，看准了，我们就能够知道价格最终会往哪个方向运动。

比方说，看住了茅台酒和白菜的价值，我们就能知道，当茅台价格在 800 元的时候接下来它大概率会往上走，虽然 800 元这个数字还是很大。而白菜在 2 元的时候，我也能知道它大概率会往下走，虽然 2 元这个数字很小。

这样，当我们看一个商品的价格的时候，我们就不至于迷失方向。

我们在第 28 章"股市多少事，都付笑谈中"讲过，在股市上要研究很多东西，但是这些东西却依然不好把握。我想说，面对那么多东西，那么难以把握，我不跟你玩儿了行吗？我承认难的东西我玩不了行不？我玩一把简单的行不？我把价值定死看牢了行不？

这就好比是看两个人，一个人的家在北京，一个人的家在广州。这两个人都经常出差，有的时候往北，有的时候往南。这两个人当中任何一个人到达郑州之后，我们怎样判断其下一步的行动方向？很难判断，因为这涉及他要完成的任务、他所拥有的时间，以及他的兴趣爱好等，没有把握的因素实在太多。

可是，对于那个家住北京的人，我就能够确切地知道，他现在在郑州，他终究会往北走，因为他的家在郑州的北边。同样的道理，对于那个家在广州的人也是一样，不管他怎么在外面晃悠，由于我知道他的家在广州，而他此刻在郑州，我就知道他归根结底要往南走。

这就是看住价值这玩意儿最大的好处，也是最大的方便之处。

投资这个东西，说起来复杂，足以烧毁我们每一个人的脑力还无法搞明白——即使搬来大型计算机也不够用。

但是，如果能化繁为简，去粗取精，去伪存真，拨云见日，我们又能极其简单地把握它价格波动的方向：不管它走到哪里，它一定会回到它的家，它的家就是价值。

归纳起来，这样做有两个好处，第一是简单，第二是靠谱。又简单又靠谱的事情，我们为什么不去做呢？

照这种方法去投资，在江湖上有一个如雷贯耳的名字，叫作价值投资。

重要的事情说三遍，所以再说两遍：价值投资，价值投资。

价值投资的核心要义就是要把价值看住。看住了价值，所有的事都好办了，那么，价值怎样看住呢？

第33章
生死，是个大问题

作者按：

本文写作和在网络发布的时间为2018年8月。

在上一章我们知道：价格这玩意儿就像一个游子走南闯北，而价值就是这个游子的家，如果我们要想知道这个四处游荡的游子接下来的运动方向，其实不用去研究那么多纷繁复杂的东西，只要看住他的家就可以了。

在股市上也是一样，想知道价格波动的具体方向，可能要研究1万个问题，但是那1万个问题都非常难，我们不妨把9999个问题都放下，只研究一个问题，那就是价值。

知道了价值，我们就知道，四处游荡的游子最终都是会回家的，于是我就知道了它运动的方向。

那么，价值这玩意儿，也就是这个四处游荡的游子的家，怎样确定呢？

马克思对这件事儿有过非常精辟的论述。我读他的书，虽然一边读一边增加对他的顶礼膜拜，但也不得不承认，他的书，太烧脑了。

相对而言，一个简单易行的判断方法，是每个普通人都需要的。当然，对于一些特别喜欢刻苦钻研的人来说，偶尔闲了，想给自己的思想加点营养，或者享受一点儿理论推理的乐趣，也可以把《资本论》翻开读一读。但是大多数人是既无兴趣也无必要去读这本大部头的。

所以，关于马克思的论述，比方说价值是由社会必要劳动时间来决定的，那社会必要劳动时间又是个什么玩意儿呢？这些事情搞起来实在太难了，普通人还是放一放，来点儿实用的、简单的、方便赚钱的。

相比较而言，亚当·斯密对价值的论述简单明了。甚至包括他的用词都非常直观，他把价值称为中心价格。什么是中心价格呢？就是别的价格要围绕这个中心来波动。

你看看价格波动的区间，然后你看看它的中轴线，基本上就能确定它的价值，事情就是这么简单，简单得不能再简单了。

当然，我们要注意的是，所谓的价格波动的区间是指历史的情况，而我们的投资要面向的是未来。所以我们要确定，一件物品的价格在未来还会不会持续下跌？如果存在变动，变动趋势是怎样的？

好在事情都具有连续性。过去的东西大多数会在未来简单地重复，即使存在变化，其幅度也不会太大。

综上所述，过去的东西我们已经明了了，我们只需要再确定一下未来有没有变化、有什么样的变化，就可以知道未来的波动区间，进一步即可知道价格波动区间的中轴线，从而也就知道亚当·斯密所说的中心价格，也就是马克思所说的价值。

而研究未来的变化，只需要研究两点就可以了——这两点与人类的健康高度相似。

一个人的健康状况也是像商品的价格一样不断波动的，你昨天晚上没有睡好，可能你今天的健康指数就会下降；如果你今天晚上睡得很好，那你明天的健康指数又会呈上升状态。同样的道理，如果你昨天的心情非常不好，那么你昨天的健康状况肯定是不太好；如果今天你的心情非常好，自然健康状况也会上升。同样的道理，如果你昨天锻炼身体的时间足够了，那么你昨天的健康状况应该还是不错的；而如果今天你暴饮暴食，你的健康状况也会下降。

而其中的核心有两点：

当我们研究一个人的健康状况的时候，我们要确定的第一点是他明天会不会死？如果他死掉了，他的健康状况就归零；如果他不会死，他大概率还会逐渐恢复到他过去常有的那种健康状况，这种常有的健康状况就好比是商品的价值，也就是亚当·斯密所说的中心价格。

我们要研究的第二点是，这个人的日常健康状况在未来会更好还是更差？研究这一点，则需要考究这个人的身体基础、生活方式、锻炼习惯等因素。如果一个人注重养生，长期锻炼身体，那他未来的健康状况会更好是显而易见的；反之，则更差，呈下降趋势。

这是在用人的健康状况来打比方，进行商业价值判断时同理。第一点要关注这个企业会不会死，如果不死再关注第二点，它的价值在未来是呈上升还是下降的趋势。

第34章
股市不好，我们才好投资

作者按：

本文写作和在网络发布的时间为 2018 年 8 月。

在上一章中我们知道：推断一个人未来的健康状况，要关注两点。我们来看一看这两点在股市里是不是同样容易把握。

第一个问题，会不会死的问题。

用在股市上，就是看这个企业会不会退市，或者彻底死掉，就像当年因为三聚氰胺事件倒台的三鹿奶粉一样。再如，近期的中兴通讯公司，在被卡脖子的情况下，美国更进一步，彻底断供，这个公司会不会死？这个问题回答起来虽然不是特别简单，但总会有一个基于大致判断的答案。

第二点，就是它未来的发展趋势大体上是上升还是下降。我们可以根据它的行业趋势、企业的经营战略，以及市场的容量等因素进行判断，由于这个判断只需要是大概的，不需要非常精准。因此，做出这个判断并不简单，不过也总比我们在市场上去研究千变万化的具体情况要容易得多。

还有更重要的一点。在大多数情况下，这个商品只要不死，它价值——或曰中心价格，在短时间之内是不会发生太大变化的。这个短时间不是指一天，也不是指一个月，也不是指一年，而是指至少三五年，或者十年八年，甚至更长的一段时间。当然，如果用十年以上的眼光来判断，就一定要高度关注它的价值变化。

总体而言，判断某个商品的价值，尤其是这件商品的未来价值趋势并不简单，但总归可以掌握一定规律。尤其是关于这类问题的答案本身并不需要特别精确，只需对大概趋势有一定判断，这就更减轻了判断的难度。

归纳起来，确定一个商品未来的价值有三点。

第一，它过去价格运动的区间的中轴线在哪里，这是一个基本立足点，大概率它未来也还是这个数值。

第二，这个企业在你所研究的时间范围内会不会死，这个问题由于涉及生死，判断起来就相对容易。

第三，在不死的情况下，它未来的发展趋势会呈上升还是下降，我们只需要知道一个大概的趋势和速率就可以了，不需要特别精准。

这三点当中，第一点是基础，同时又比较好获得，同时又很好量化。第二点只需要回答是或者不是。第三点只需要知道大概趋势就可以了。把握了这三点，我们就可以知道这个商品未来的价值是多少。

当你知道了一个商品或者一只股票未来的价值是多少，然后你再看看它现在的价格，如果价格低于未来的价值，那么你直接买进好了，因为未来的价值就是它的家，它一定会回到它那个家的。这样一来，投资就变得非常简单，只需要知道简单的数学就可以做出决策。

最近有一个朋友问我，现在股市这么不好，怎样才能使自己的资产保值、增值？我说，既然你认为现在股市不好，那自然意味着你认为现在股票的价格很便宜，当然有可能会更便宜——总而言之，很便宜。

既然你认为很便宜，那就意味着它将来会向上运动，回归它的价值。如此一来，问题就简单了，这么便宜的东西，你买进了，将来一定会上涨，资产不就保值增值了吗？你还困惑些什么呢？

我给出的答案，算是我对价值规律运用的一个实践。当然，我也并非认为随便买进市场上的任何一只股票都行。对股市的判断是否正确，需要进一步分析，千万不要闭着眼睛瞎买一气，把便宜作为投资唯一的依据。

总而言之，诸位应该能够感觉到——这些东西其实很简单也很轻松，要知道，这其实就是价值投资的核心操盘手法。

在这个操盘手法的三个要点当中，第一点非常好获得，直接把过去的数据拿出来一看，大约五分钟就可以知道。

第二点关于生死的问题，稍微要动一下脑筋。

麻烦一些的是第三点，稍微要下点儿功夫。

完成了这三点，我们就可以知道这个商品或者这只股票未来的价值，也就是它未来的家，然后你看看它现在在哪里，就能决定你可不可以买。

价值投资，就是这么简单。

连续这几章翻来覆去地讲，就是想说清楚两点：一，价格围绕价值波动；二，如何确定价值。不过在这几章中的论述中，鲜有例子出现，如此一来，总显得论述玄而又玄，而在下一章中，将会弥补这个暂时的缺点，围绕股市中非常具体的两个例子进行讨论。

第 35 章
想买中兴，可是没钱了

作者按：
本文写作和在网络发布的时间为 2018 年 8 月。

最近几章都在讨论价值投资的操作方法、讨论价格与价值。虽然遣词造句已经力求简单明了，但仍免不了停留在理论层面。说实话，我非常担心大家感到枯燥、乏味、烧脑。不过没办法，讲投资总是要讲些理论，我自认没有能力可以只讲实操。

然而，总讲理论肯定也是不行的，投资是一个实战性很强的活儿，无论如何必须举几个具体的例子才对得起各位朋友，也才对得起天地良心。

由于本人恪守"不提出具体投资建议"之原则，因此，虽然举例子对我来说是一件很轻松自然的事情，真操作起来，也还是十分犹豫。踟躇再三，我决定还是得举两个例子，不然说不过去。

举什么例子呢？这也颇费脑筋。

其实我能够信手拈来的例子很多，仅就例子数量而言，也足以支撑整本文集。例子大部分是过去已经发生的事情——说过去的事情，似乎有事后诸葛亮的味道。所以我决定做一件比较具有挑战性的事情——举现在到未来的例子。

因为未来还没有到来，时移世易，它可以验证我说的话。虽然不能保证我的分析一定是正确的，我依旧愿意冒这个险。不管举例与分析是否正确，我更重要的愿望，是想跟各位朋友交流这一投资方法的操作要领，并非死磕某个具体结论。

我想举的两个例子，都是近期发生的。

第一个例子就是中国的高科技企业中兴通讯。在贸易战中，以美国为首的国家断供了中兴的芯片，导致中兴通讯就立刻停摆，陷入休克，从表面上看，中兴已濒临死亡。中兴通讯的股票最开始停牌，后来复牌了，复牌之后又连续经历了多个跌停。

对于价值投资者而言，其实最希望发生的事件就是某一个企业的股价跌停，连续跌停。因为这是买便宜货的好机会。不过买还是不买，却是一件需要非常慎重的事情，必须按照我前面所讲的方法，做好三个方面的功课。

第一，确定这个企业过去的价值区间，以便未来参照，这一步不难，在此不赘。

第二，确定这个企业会不会死。

在研究企业会不会死的问题上，必须做最坏的打算。因为死亡一旦发生，所有的投资都打水漂了，所以，这个事情必须是从最坏处着眼。

中兴会不会死，也必须从最坏处着眼，这个最坏处是什么呢？就是如果美国人真的对企业彻底断供，怎么办？

于是我研究了很多资料，也咨询了很多业内人士，最后得出的结论是，即使美国对中兴彻底断供，中兴也不会死。当然，这个结论可以探讨，可能有很多人有不同观点，我在这里主要是借这个企业来说明一种方法，所以具体结论反而不重要了。

第三，如果中兴通讯不死，在未来的发展上，它的价值是上升呢还是下降呢？我最后得出的结论是：上升。

基于以上三点考虑，我在自己的脑子里做了一道练习题：如果手上还有钱，我会在中兴连续跌停站稳脚跟之后大举买入。不过，由于我在股票市场上长期以来一直都是满仓，实际并没有多余的钱用来买进中兴的股票，只能在意念中潇洒了一把。

中兴的例子就说到这儿，接下来举什么例子呢？下一章再说。

第36章
疫苗出事儿了，投资继续！

作者按：

本文写作和在网络发布的时间为2018年8月。

上一章我们就价值投资举了中兴通讯的例子，接下来我们再举一个例子。

这个例子就是最近发生的疫苗事件。疫苗事件发生之后，上市公司长生生物公司股价未来会怎样呢？我们依然要做三道题。

第一道题就是过去的价格波动区间，把准这一点非常简单。

第二道题就是这个企业会不会死？我的分析是，虽然它不一定死，但它确实有可能会死。哪怕只是很小的可能会死，我们作为投资者，也要高度警惕，所以我们暂且当作这个企业会死。

如果对这个问题的判断，最后结论是死，那么第三个问题也就不存在了，或者说它也就变得很简单，因为它未来的价值会归零。所以，我手上即使有闲钱，我也不会买进长生生物公司的股票。

但是这衍生出一个新问题，那就是说疫苗事件发生之后，整个生产疫苗的企业的股价都大跌，那么，是不是这个行业所有的企业都会死呢？

我的回答是：不是。尤其是其中那些龙头企业，那些生产经营非常稳健，经营策略非常合规的企业，是不会死的。

我们找出其中的一家，然后再进一步研究，如果这样的企业不死，那么未来它的价值是会提升还是下降呢？我得出的结论是，由于人民群众健康的需要，由于经历这件事情之后，国家一定会加强监管，企业也会加强自律，所以说企业的价值在未来是上升的，在这种情况下，如果有某一个我看中的疫苗事件当中的龙头企业，我定会在适当的时机买进。

当然还是那句话，由于长期以来在股票市场上是满仓操作，我已经没有钱了，所以也只是在自己的脑子里做了一道练习题而已。

这里也要顺便说一下，做价值投资的人在市场上活着，但是在 99% 的时间当中都是闲着无所事事的，因为他一直都是满仓，即使看准了某只股票，也没有钱再买了。

那他干什么呢？经常就玩一下，就是在脑子里面、在意念当中去买一买股票。是不是一件很有意思的事情？

这其实就是一种游戏，就像打麻将一样快乐。事实上，在这样的一道一道的练习题当中，我们会不断提升自己的分析能力，不断强化自己正确的理念。

这和武侠小说里面的练习自己的内功有点儿类似。但如果这一段时间很忙，你完全可以把股票的事情放在一边，全身心地投入更有意义的事情中去。

所以说，做价值投资的人在生活当中其实只需要用很小很小的一部分精力来投资，但是他所获得的收益却能够远远超出大多数人，至少他能够成为十个人当中唯一赚钱的那个。

那么，从时间成本和精力成本的角度，这也是一个极其划算的生意，何乐而不为呢？

而短期操作，恨不得每分每秒、每时每刻都盯着屏幕上价格数字的上蹿下跳，可谓惊心动魄，时间长了，人难免疲惫不堪。我们为啥要活得这么累呢？这也是我比较认同价值投资的原因。

当然，价值投资也有它独特的难处，有的时候甚至难乎其难。它到底难在哪儿呢？我们下一章专门说一说价值投资的难处之一。

2023年8月感言：

我2018年关于疫苗股票的判断，在随后的几年里又被证明是对的。于是又有人说我厉害。我还是那句话：这里面有运气的成分。我不可能对每只股票都判断准确。

此外还要说一句，2020年疫情暴发以后，疫苗股票又有一波行情，有人由此证明我厉害。这完全是牵强附会。

我不可能预测到新冠疫情，我2018年分析疫苗股票时根本没考虑新冠疫情。

新冠疫情来了导致疫苗股票价格上涨，不仅不能说明我"高明"，恰恰说明了我的"不高明"，因为，我没有能力在2018年预测到新冠疫情。

这恰恰说明了一个问题：未来是不可能100%预测的。正因如此，没有哪个预测会是100%正确的。

股民必须清楚，我们很大成分是在"撞大运"。

所以，炒股不能作为事业来做。

有了闲钱，希望保值增值，希望跑赢通货膨胀和银行利息，至少在当下的中国是可以期待的。但是，希望通过炒股发大财，那简直是痴人说梦。

凡是告诉你跟着他炒股可以发大财的人，原则上可以认为他是骗子。不管他是有意的骗子，还是无意的骗子，总之，可以视同骗子。

第 37 章
我是怎么失败的

作者按：

本文写作和在网络发布的时间为 2018 年 9 月。

前文集中阐述了我们的投资理念：价值投资的核心就是关注价值，而不是关注价格。之所以这样做，是因为关注价格要考虑成千上万个因素，而即使这样也无法把握价格，这个玩意儿的性格不仅非常活跃，还飘忽不定。

相对来说，价值这玩意儿的特性比较稳定，虽然把它弄明白也还是要费些脑筋，但是总比价格要简单得多。

同时，看住了价值就好比是看住了一个四处游荡的游子的家。家是不轻易变动的，所以没有必要每时每刻都把它盯着，这样一来人就要轻松很多。

长期以来，我在股市大部分时间都是满仓操作，满仓之后就不怎么关注股价了——甚至极少打开股票软件。只有在市场上发生了大家都知道的事情之后，我才会去打开这些软件。

我平时干什么呢？我平时就是去读一读理论的书，学一学与货币有关的知识，了解一下我买的股票所在的行业的趋势。当然，季报年报出来了，我会去认真看这只股票的季报和年报。但是对于一个长期看季报年报的人来说，这也不是一件非常辛苦的工作。

至于市场，我基本不去管它。

但是，我并不担心我会失去对市场的敏感。

我们生活在一个信息非常发达的环境。市场上如果发生了大事，即使自己不去关注，周围的人也会告诉你。

比如，餐桌上会有人讨论；再如，给你打电话，让你投资理财的人会多了起来或少了下去。

于是，虽然我很满意自己在资本市场上取得的收益，但是我为它付出的时间，仅仅是我业余时间当中的一个很小很小的部分。

至于读书、提升投资的功力，这是我的兴趣所在，即使不炒股，我也会做这些事情。就好比平时除了读经济学方面的书籍以外，我也还会读国学，也还会去学习健康方面的知识一样。从现实生活层面上讲，股票对我来说已经变成了一个可有可无的东西。

这样的日子无比惬意。

这大约是价值投资的妙处所在。

这么简单而又轻松自然的事情，为什么有很多人不愿意去做呢？我对这种状况没有表示疑惑，相反，我非常理解。因为这种操作也有它自己的难处。这个难处在于时间本身。

当看到了股票的价值，我们就坚信，价格一定会回归价值。可是我们不知道它什么时候回归，就像我们看到一个四处游荡的游子，我们坚信他一定会回家，但是我们不知道他什么时候会回家。这个时间可能很短，但更多的时候，我们要做好长期的打算。

在我的投资经历当中，最惨痛的一次教训是：我持有一只股票已经超过五年，在这五年当中，它还在一直下跌，在下跌的过程当中，我还在一直买进，那时候我还没有满仓。

我第一次买进的时候就认为它很便宜，然后它不断下跌，我不断认为它越来越便宜。于是，股价不断下跌，我不断买进。即使这样，在最悲催的时候，我亏损了30%，而时间已经过去五年了。

我坚信，这只股票的价格一定会回归价值，但是在五年的漫长时间里，它却离价值越来越远。我翻遍了所有的书，检索了我所有的推理，查找了更多的资料，依然确认，我这一笔投资是正确的，是没有问题的。

可是五年的时间太漫长了。

人非草木，孰能无情？最后，我动摇了，在将近满五年的时间里，我做了一个调整——我放弃了这只股票，换成了另一只股票。我当时的逻辑并不是认为这只股票不会回归价值，而是我觉得这个时间太漫长了，太难受了。就像神女峰上的痴情女人，在等待一个遥遥无期的男人。不同的是，神女峰上的女人等待的男人，未必回得来，而我们等待的这个人是一定会回家的。

说到这里，我想起了著名诗人舒婷的《神女峰》那首诗。她说："与其在悬崖上展览千年，不如在爱人的肩上痛哭一晚。"诗人的浪漫和情怀，我非常敬佩和感动。

遗憾的是，我没有坚持到最后。

接下来，时间狠狠地惩罚了我一把。我放弃这只股票之后，不到一年的时间，这只股票涨了6倍。

请允许我在这里稍稍顿一顿。每次想起或者说起这件事，我都要为这一次失败的投资经历默哀三秒钟——朋友们可以乘机放松休息一下。

……

好了，默哀毕！

如此惨痛的失败经历，对于一个投资人来说，一生当中最好不要出现第二次，当然最好是一次都不出现。

既然我经历了一次，那么我就不能允许每过一段时间再出现一次，更重要的是要认真梳理这个经历，在脑子里面反复推演，让它融到我的血液里、骨髓里。

所以，很有必要像下象棋复盘那样，把它从头到尾，再细细地捋一捋——下一章我们就来做这件事。

第38章
我的失败细节

作者按：

本文写作和在网络发布的时间为2018年9月。

上一章讲了我自己的一个惨痛的投资失败经历的大概过程，并举行了隆重的默哀仪式。接下来，我将会再细致地、认真地捋一捋这件事情。

为了理解上的方便，我把我初始买入的价格折算成1。

开始我以1元价格买进这只股票，历经漫长的五年，它的价格变成了0.5元，也就是一半。在下跌的过程当中，我坚持买进，所以，我的成本价大约是0.7元。然后我放弃它了。在被我放弃之后，不到一年的时间，这只股票的价格又变成了4元，而我已经计算到它的价值是3元左右。

要特别说明的是，我当时放弃这只股票的时候并不冲动，相反，我是极其理性的。为此，我还专门写了一篇颇为伤感的文章，满怀深情地回顾了我守候它五年时光的经历以及心灵所受到的煎熬，我也理性地分析了我其实依然不改变当初我对它的判断，只是我觉得这个日子太漫长了，这种等待过于煎熬。

这篇文章到现在都还在。只不过那个时候写的文章都是给我自己一个人看，而不像现在可以跟朋友们一起分享。

这次惨痛的亲身经历，我认为非常经典，也是价值投资者所必须面临的课题：漫长的等待和心灵的煎熬。

所以我要说，价值投资者的难题，往往在于你能否在漫长的时间内坚守自己的信念，也就是说，你明知道是正确的事情，你是否具备一种坚持的耐力，一种像忠贞爱情那样海枯石烂的坚守。

当然，我选择的投资标的也确实有一些问题：它长期处于下跌状态，甚至无法保持一个至少相对横盘的状态。

所以，从那以后，我选择的标的，都不会长期处于大幅度下跌状态。当然，短期的和小幅度的下跌那是无法避免的。比如今年，我的账面亏损就曾经达到过 20% 以上。

我给自己设定的标准是：在极端的情况下，价格被腰斩的持续时间不应该超过两年。这样人的心态会更平和一些。

但不管怎么说，等待，是价值投资的一个重要的功夫和功力；等待，就是一场和时间的战斗，一场无声的战斗，一场没有硝烟的战斗。

需要特别说明的是，我刚才提到的那个失败的投资经历，在五年的下跌过程中，市场上彻底看空这只股票的各种言论铺天盖地而来。

而这些言论的来头往往还比较大，至少在我心中，我认为发表这些言论的人的水平，应该远在我之上。

当然，依照我对价值投资的理解，虽然我很崇拜发表这些言论的人的水平，但是他们的结论我依然不能苟同。

但不管怎么说，还是那句话，人非草木，孰能无情？这些言论对人的心理还是会产生很大的冲击。我承认，我没有炼就金刚不坏之身是导致我那次投资失败的唯一原因。

必须承认，价值投资者在市场上是少数，是小众，是孤独的前行者。价值投资者所接收的信息里面，有 99.99% 都是对自己的否定，在这样一片否定的声浪当中，如何坚守，是价值投资者要解决的突出问题。

但是反过来说，如果你能够顶住这样的一些思想对你的影响，你的日子就会过得无比轻松愉快。比如，在经历了那一次投资失败之后，我现在的定力比原来好得多了，所以，我才能够享受价值投资和生活的乐趣，而又能获得稳定的收益。

所以我要说，我对价值投资的理解就是，如果你说它难，它真的不难，但是如果你要说它简单，它真的不简单。

它的难，只有一小半是你的投资知识决定的，要解决这个问题真的非常简单，尤其是以现在的市场上的股票投资者的勤奋而言，那简直是一件非常轻松自然的事情。

剩下的一大半是你要对抗心理上的焦虑。这种焦虑的对抗，并不是来源于知识和技巧，而是来源于心灵的修炼。当掌握了上乘的心法，你也就进入了极乐的世界。

说到这里，我们总结回顾一下。我用了十二章左右的篇幅，表达了我本人对价值投资的一个框架性认识。这个框架性认识，有一半来源于财经知识，尤其是对一只股票未来价值的确定上；还有一半来源于心灵的修炼。至于心灵的修炼，貌似不是货币知识的范畴，也就不便于在此展开了。

下一章我想说一说怎样确定一个企业未来会不会死，它的价值趋势是上升还是下降，上升或下降的速率有多高等等。

第 39 章
说企业，要从国家说起

作者按：

本文写作和在网络发布的时间为 2018 年 9 月。

在前几章我反复说过自己的投资理念：价值投资的要义在于研究价值，而不在于研究价格，相对来说价值是比较靠谱的，是可以把握的；而价格这东西忽高忽低，机动灵活，性情活跃，难以把握。那么，研究一个商品或者股票的价值应该从哪里入手呢？

首先要研究一个很大很大的东西。这个东西就是国家的未来。

为什么要研究国家的未来？

因为只有一个国家有美好的未来，我们的绝大多数企业才会有一个美好的未来。你看到哪一个国家经济停滞、社会混乱、民不聊生，却诞生了伟大的企业？这应该不需要去查历史学或经济学资料，就能够得出判断，因为这是常识。

从某种意义上说，投资大师巴菲特能够获得这么大的成功，是得益于美国在过去的几十年，也就是碰巧是巴菲特的人生经历当中的几十年，获得了长足的发展。

中国改革开放 40 多年，已经诞生了一些独角兽型的企业，也已经诞生了一些能够进入国际市场，左右某一个行业格局的企业，这得益于什么呢？得益于中国经济的飞速发展。

在中国改革开放前，虽然中国也有一些好的企业，但是，在世界经济范围内，能够纳入研究视野的企业，基本上是凤毛麟角。

只有国家发展好了，才可能为一个企业的发展创造一个良好的外部环境；只有国家发展好了，才能够为企业提供一个广阔的市场；只有国家发展好了，企业面向全世界、走向全世界才有可能。

还是拿前面说过的中兴这个企业为例，如果中国不能占领世界经济的制高点，那么中兴这样的高科技企业，必定不会有太大的发展前途，如果我们在中美贸易战中被美国人彻底打趴下，中国的整个高科技行业，将彻底一蹶不振，你还指望中兴能够崛起吗？即使美国人不给它断供，我也认为它崛起不了了。

再如，前面说到的疫苗事件中的相关企业，如果中国不能向前发展，不能更好地关注国计民生，不能更好地给人民群众带来健康保证，那么疫苗这样的企业恐怕也就没有什么发展的前途了。

不仅这两个企业，我们随便拈来任何一个企业，如果它想成为世界上一个伟大的企业，也就是说，未来企业的价值量会有很大的增加，我们都必须依靠一个前提：国家会更好。

这样的例子不胜枚举。

其次，就是要研究这个行业的发展趋势。

社会不断进步，任何一个行业和企业都不可能永远兴旺下去。其中最经典的例子应该是我们曾耳熟能详的传呼机。

由于社会的进步，在20世纪90年代后半期风起云涌的传呼机，后来就销声匿迹了，因为手机的发展替代了它的功能，所以这个行业即使是在20世纪90年代后期，在它最旺盛的时候，其行业发展趋势依旧是不被看好的。由此可知，如果你今天想买某一只股票，你要看看这个行业有没有大的发展前途。

最后，就是要看这个企业的前景。

一般来说，能够掌握行业的制高点，成为这个行业的老大的企业，是有发展前途的。未来企业的竞争将更加激烈，将是一个优胜劣汰的过程。不管国家多么好，不管行业趋势有多好，在行业内的竞争中处于不利地位，甚至会被淘汰的企业，注定是没有前途的。

每一个行业有每一个行业的特点，如果这个企业没有把握住行业的特点，尤其是有相关的硬伤，它注定是会走向衰落甚至灭亡的。

比如说在疫苗事件当中，一个疫苗企业如果不能把握质量问题，拿生命当儿戏，这样的企业会有前途吗？

我多年前非常看好万科，其中有一个非常重要的原因：万科的王石曾经说过一句话，他从来不送礼。

要知道他说那句话的时候，在中国送礼还是成风的。我们很难相信眼前所看到的这个小房地产企业不送礼。送礼这样的事情，不能够支撑一个企业走很远，所以当我看到万科老总说他不送礼的时候，我的心就踏实了。

当然我看好万科，绝不仅仅是送礼这一条。我是在用送礼这一条来说明一个企业必须有正确的发展策略，尤其是不能有经营上的硬伤。

万科的不送礼问题，疫苗企业的人命关天问题，高科技企业的自主创新问题，都是这些企业的命脉。如果没有做出正确的选择，这个企业注定是没有前途的。

上面这三个问题，总的来讲都是一种定性分析。虽然在分析的过程中不免涉及数量问题，但它的结果是属于定性的范畴。

接下来要讲的第四个问题，是属于定量的范畴——我们还要研究这个企业的很多具体数据才能得出结论。

第 40 章
看企业，要用数据说话

作者按：

本文写作和在网络发布的时间为 2018 年 9 月。

在上一章，我们从三个方面，分析了对企业未来价值判断的角度，基本的逻辑脉络是从粗到细、从宏观到微观、从定性到定量。接下来，我们要从最细、最微观和定量分析的角度来研究企业未来的价值。

这个角度就是我们要说的第四点：看这个企业多年以来的经营数据。

数据是最能说明问题的。

一般来说，数据处于蒸蒸日上的过程当中，企业会是一个好的企业。当然这也不尽然，因为有的企业可能只是暂时有点儿希望，甚至有的企业是利用了一些非法的、不正规的或者不可持续发展的手段，得到了暂时的发展。

无论如何，我们可以怀疑一个数据良好的企业没有未来，但在同一逻辑下，相信一个数据不好的企业有个好未来是更困难的。

我们承认，有很多企业在经营发展的初期日子过得很难、数据不好看，这种企业以后的前途不错。但是对于大多数投资者来说，大家是很难有当年孙正义投资阿里巴巴那样的火眼金睛的。因此，我个人更倾向于投资过去数据好的企业——过去好、现在好，未来应该也不错。

对于那些过去和现在不太好，将来可能会好的企业，我承认自己能力不足，一般不轻易涉及。投这样的企业是风险投资从业者的事情，普通投资者很难从一个过去经营不善的企业中看到该企业的美好未来。

以上就是我关于研究一个好的企业，或者说一个好的股票标的的几个落脚点。每一点都包含着比较深刻和丰富的内容，因此需要认真学习、研究和揣摩。

以上是从宏观讲到微观。将上述内容都把握好，确实需要比较丰富的知识，因此不断学习是必要的。

比如，我很关心我们国家的未来。为了对国家的未来有一个确切和理性的认知，我曾经认真思考了我们国家的政治制度和经济制度。我们国家的政治制度和经济制度都与马克思理论有密切关联。因此我认真阅读了马克思的相关著作，加深了这方面的理解，更加深了我对祖国未来的信心。

要理解最微观的企业数据，就不得不学习一些金融财务相关知识。比如说，我们应该看得懂企业年报，尤其是对企业年报里面的关键数据要有自己的分析。

国家的未来和企业的数据，分别是判断一个金融标的最宏观和最微观的数据，对于这两组数据我们要深入思考，而对于那些介于这二者之间的问题，也应该有所思考。

因此，做金融要思考的问题，大到人类社会的基本规律，如：共产主义是否能实现？社会主义的优越性在哪里？小到一个具体的货币金融常识，如最早的货币可能是鸡蛋吗？汇率问题到底是怎么回事？美国的加息和缩表背后有何深刻含义等，都应该有所涉猎。

上述内容中有一部分并不是经济学范畴的内容，作为一个投资者，对经济学之外的内容也应该有基本了解，更遑论经济、金融、货币等方面的内容了。

做金融需要了解的知识比较繁杂，普通投资者不可能，也没有必要面面俱到。不过，保持对这类知识的敏感、保持求知欲是非常重要的——知识是可以融会贯通的，你也不知道哪一个知识点会触动你投资的哪一根神经，给你带来哪一种判断。

而这本书就是想积少成多，聚沙成塔，不断丰富各位普通投资者的经济、金融、货币知识，不断提高普通投资者投资功力——好比一个习武之人，每天都需要练习自己的内功。

上文专门用了十几章的内容讲述了股市的问题。不过股市只有一部分人在玩，因此对不玩儿股市的人来说就比较失望了。既然如此股市就说到这儿，下一章开始说大众化的金融货币知识。

第41章
掰着指头学汇率

作者按：

本文写作和在网络发布的时间为2018年9月。

前面我们大约用了十几章的内容，专门说股市。有朋友曾经提到，说我离货币越来越远了。其实，股市是货币的众多游戏当中的一种，而且是最常见的一种，应该也是参与人数和占比最多的一种。正因如此，我个人倒不觉得跑题。

但不管怎么说，股票是一个相对小众的话题，而我所讲的价值投资的理念，又是股票投资里的小众。所以我的观点又是小众里的小众。这样一来，难免有一些朋友会比较失望。我还是适可而止，接下来谈些大众化的货币话题好些。

那大众化的话题从哪儿说起呢？

我打算也凑凑热闹，赶赶潮流，说一说关税和汇率问题。

在第 17 章"阿根廷的利率为什么高达 40%？"里面，我曾经说过汇率的问题。大体意思是，汇率大幅度贬值往往说明经济环境和经济态势的双重恶化。

那么，是不是凡是汇率下跌就都是这么个意思呢？

比如，最常见的情况，A 国对 B 国加征关税，导致 B 国经济环境变差，同时导致 B 国货币贬值 10%，应该做什么样的解读呢？

回答这个问题不难，难的是怎样简便明白地表述问题，让朋友们理解的时候不太烧脑。最后我给自己定了一个规矩：讲解金融知识，在数学方面不能超出小学算术的难度。

这也算是掰着指头学汇率吧。

下面我们先来做几道小学算术题。

第一道题，是关于 A 国对 B 国研究加征关税之前、B 国货币没有贬值的时候的情况。为了表述上的方便，我们就拿美国对中国加征关税说事儿吧。假定，中美两国货币汇率是 1 美元兑 6 元人民币。也就是说手上有 1 美元，可以在银行那里换 6 元人民币，或者手上有 6 元人民币，可以在银行换 1 美元。

我手上有一个商品销往美国。它的所有成本加在一起是 6 元人民币。它在美国的售价是 1 美元。当我成功地把这件商品在美国销售之后，就获得了 1 美元。然后，我拿着这 1 美元在银行那里，换取了 6 元人民币。于是，我的账户上就有 6 元人民币，和原来所有的成本之和——6 元人民币是相等的。这单生意没有赚钱，也没有亏钱，刚好收支相抵。

这是第一道题。

第二道题，是研究美国对中国这件商品加征关税，而人民币还没有贬值的时候的情况。这个时候我的这件商品的成本还是 6 元人民币。但是到了美国，我另外还要多交 10% 的关税，也就是 0.6 元。加上这 0.6 元，我的成本就是——6.6 元人民币。我的商品在美国的售价依然是 1 美元。销售完毕之后，我用这 1 美元在银行换了 6 元人民币，因为汇率还是 1 美元兑 6 元人民币。这样一来，我的总成本是 6.6 元人民币，销售的价格依然是 1 美元，我最后获得的销售收入是 6 元人民币，我亏了 0.6 元。

这就是美国对我这件商品加征 10% 的关税之后，给我造成的结果，也就是加征关税的厉害之处。

第三道题，是研究加征关税，而人民币贬值之后的情况。我的商品的成本，本来还是 6 元人民币。到了美国，比原来多交 10% 的关税，也就是 0.6 元，我的总成本就变成了 6.6 元人民币。我的商品在美国的售价依然是 1 美元。我销售完毕，取得这 1 美元之后，在银行里把它换成人民币的时候，由于汇率已经变成了 1 美元兑 6.6 元人民币，于是我手上就获得了 6.6 元人民币。这样一来，在加征关税之后，我的总成本由原来的 6 元人民币增加到 6.6 元人民币，而我的销售收入也由原来的 6 元人民币，变成 6.6 元人民币，而在美国的售价依然是 1 美元。

结论是什么？结论就是美国人增加了 10% 的关税，但我的生意还是跟过去一样，利润和过去一样。

那么，美国人是不是也可以用这一招来对付我们对它加征的关税呢？

第 42 章
"老大"的难处

作者按：

本文写作和在网络发布的时间为 2018 年 9 月。

上一章讲到了在贸易摩擦当中，人民币贬值导致的结果，那么，美元可不可以贬值呢？美元贬值会怎样呢？

这就要看一看美元是个什么玩意儿。

美元是世界货币！

这是什么意思呢？也就是说，在国际市场上买东西，大家自己的钱都不好使。比如，我拿人民币在欧洲、美国、日本、俄罗斯买东西，别人基本上不认人民币。不管你兜里有多少人民币，都很难买到东西。当然最近这些年情况有所改变，日常购物——如买件衣服，有的时候是可以直接用人民币的，但是，要是运一个集装箱的衣服给别人，然后结算货款，想用人民币可就难了。

美国人把美元推到这样一个高度，是费了很大的心思和代价的，但也获得了巨大的利益。关于这些内容，我们在第5章"世界上最赚钱的生意"、第6章"金融危机是怎样炼成的？其实很简单"、第7章"美元的顶级秘密"里面，都做过比较具体的描述。这也是当今世界贸易格局、金融格局的最基础的特征。

我们在观察和研究世界金融、贸易格局的时候，都不可能绕开一个问题，那就是外汇储备。我在第19章"我们为什么敢于大幅度放开金融市场？"里面，也专门讲了这个问题。什么是外汇储备呢？简单地说，也就是储备的外国货币，当然还包括黄金。这个外国货币必须具备一种功能，就是拿着它可以在国际市场上买到东西。这个外国货币主要是指美元。

尽管这些年来美元的储备比例一直呈下降趋势，但是它依然是老大。

既然世界各国都要储备美元，那美国人储备什么呢？回答是：美国人基本不需要储备任何外国货币。因为美国在世界上买东西也是用美元，它最不缺的就是美元。

美国以外的国家，都要千方百计用自己的商品去换取美元。但美国人自己手上的美元是现成的。

你觉得这种情况爽不爽？我觉得很爽！或者说很厉害！

可以说，当今世界上，关于贸易和金融方面所有的故事，都建立在美国人的这种厉害之上。离了它，就没故事了。

可是世界上没有绝对好的事，也没有绝对坏的事。这种格局让美元当上了世界老大，但是它为了维护老大的位置，也不得不付出必要的成本。

比如说，美元的贬值就受到了限制。我在这里不是说它不能贬值，事实上它也一直在贬值，我只是说它相对来说比较受限制。

这个限制主要来源于以下三个方面：

第一，它的贬值通常只能通过多发或少发美元的方式进行，而不方便通过常规的市场操作来进行。多发，自然贬值了；少发，自然就升值。

第二，由于它是世界货币，它是老大，它维护自身信用的任务更重，否则人们就会抛弃它。现代社会的任何一种货币的命根子都是信用，但比较而言，世界货币的信用更加明显。而我在第 7 章"美元的顶级秘密"里面说到过，确保全世界人民都使用美元购物，不要换成别的货币去购物，是美元的顶级秘密。美国人可以放弃很多东西，但很难放弃这个东西。因为这个东西里面蕴含的利益太大了。

这样一来，美元贬值幅度受到了限制。从长期看，它有贬值的权利，而且也一直在贬值。但是，从短期看，它很难剧烈地贬值。美元一旦短期剧烈贬值，一定震惊世界，不利于维护老大的位置，而老大的位置是美国的命根子，是万万不可动摇的。

第三，也是最重要的，美元的贬值或者升值是有特定的规律和特定的企图的。2018 年的夏天，正值美元升值的周期，一旦剧烈地贬值，将打乱它整个的部署。

通过上一章和这一章的探讨，我们发现，人民币的适度贬值可能为我们应对贸易摩擦提供一些便利。当然我这里说的是"适度"，言下之意是不能幅度太大。当然，这种情况的发生，可能并不是我们把它操控成这样，只是市场的一种自发反应。但是面对市场的这种反应，我们可以乐见其成，我们就看着它，看着它，看着它……

一般来说，在经济环境恶化情况下的货币贬值，是一件非常悲观的事情，我自己在前面的节目当中也多次表述过这个观点。但那是一般意义上的，是在经济竞争实力不强的情况下的，是在贬值幅度很大的情况下的。而在贸易摩擦的背景下，有可能是"祸兮福所倚，福兮祸所伏"。也许我们的贬值是被动的，但是它却不一定是坏事。当然前提是有一个适当的度。

上面的这些逻辑，有些出乎人的意料，而这种出乎意料的根子就在于，美国人自己就拥有美元，除美国以外的任何一个国家，都要想办法去挣美元。

我们无意当中谈到的这个话题，却揭露了一个更加令人意外的结果。那就是从这个逻辑上展开来推理就会发现，美国人的贸易逆差是不可能避免的，可是美国人却在为了消灭贸易逆差跟很多国家搞摩擦。这的确是一个非常有意思的现象，而这种现象的成因就是我们下一章要探讨的内容

第43章
大象，是一根柱子，还是一把蒲扇？

作者按：

本文写作和在网络发布的时间为2018年9月。

在贸易摩擦的过程当中，强者有强者的难处，弱者也有弱者的后手。在美国和其他国家中，贸易摩擦表面上的原因是美国人要消除贸易逆差，实际上美国人的贸易逆差是不可能避免的。

不知诸位是否注意到：上文的表述用了一个比较绝对的词——"不可能"。

有心的朋友们可能会发现，我在自媒体上讲金融贸易财经问题的时候，最喜欢说的一句话就是"世界上没有绝对好的事，也没有绝对坏的事"。我说所有的事情都不喜欢把它说得绝对。这一方面是基于一种辩证思维方式，另一方面是对经济现象的一种普遍规律的把握。在我脑子里所有的经济现象，我讲它好的一面，必然会讲它不好的一面。没有绝对正确的事，也没有绝对错误的事情。同样，没有绝对可能的事，也没有绝对不可能的事。再次强调，这种思维方式，在理解所有的货币金融问题时都非常非常重要。

我的节目有一个特点，就像有的朋友说的，听我的节目像听评书。我总喜欢在上一章的结尾提出一个问题，然后在下一章来解答这个问题，而提出问题的时候又和本章所讲的内容息息相关，这样环环相扣，一个问题接着一个问题，没完没了，无穷无尽。

我还要告诉大家一个秘密，我从第 26 章到第 40 章讲的是股市问题。最开始讲这个问题的时候，我其实只是想轻轻点一下题，并没有想到要展开，不过股市不是一两句能说清楚的，所以就一个问题接着一个问题，一口气说了 15 个问题，最后还是我有意识地强行打住。

我做自媒体的方式，其实源于货币金融知识的一个内在规律：任何一个货币金融现象或者知识点，它都不是孤立的，都必须用系统思维来看待。我刻意用这样的一种表述方式，倒真不是为了吸引人的注意力，而是为了诸位对各种问题——哪怕是简单问题的把握都能全面一些。

我这样做也是有一定的针对性的。

我们每天都能看到浩如烟海的货币金融知识和评论，说得也都非常有道理。但是，我个人感觉他们有一个普遍的缺憾，那就是每次只说一个点，只说一件事情的一个角度，很难全面、准确地把握问题。就像盲人摸象，明明是一头大象，可是有的人觉得它像一根柱子，因为这个人摸到了象的腿。有的人觉得大象像一把蒲扇，因为他摸到了大象的耳朵。有的人觉得大象像一根绳子，因为他摸到了大象的尾巴。我们不能说大象像一根柱子或者像一个蒲扇，又或者像一根绳子，这些都是错的，这些感官确实是盲人对大象进行的客观描述，可是我们又能明显地感受到"有哪里不对"。问题在于盲人们都只看到了一点或者一个角度。

苏轼有一句名诗："横看成岭侧成峰。"同样是山，横着看的时候像岭，侧着看的时候像峰，但是对于我们来讲，必须既看到它"岭"的一面，也看到它"峰"的一面，这就需要从不同的角度去解读。

比如，我在第41章说到，人民币贬值其实是我们应对贸易摩擦的一个手法。但是我认为仅仅讲这一点是远远不够的，它至少还应该延伸出两个方向的问题，一个是我们可以这样来应对贸易摩擦，那别人是否也可以这样应对贸易摩擦呢？于是就有了第42章的内容，言下之意是美国人想用这一招比较困难，至少要比我们困难——我不是说它不能用。

同时，它还会引出另外一个方向的问题，那就是说，单就我们而言，用这一招就能够无所顾忌吗？答案显然是否定的，因为这一招对出口有利，却对进口有伤害，而且会由此产生一系列问题。由于表达逻辑上的限制，一条线只能延伸出一个方向，所以关于人民币贬值影响进口的问题，我就只在我的另一个专辑——《财经背后1——蹭热点，学财经》里专门说到。我在《财经背后1》第一集里面，借用鲁迅先生的"无柄之刃"的说法，把人民币贬值比喻成一把没有刀把的刀，虽然能够刺伤对手，但也会让自己流血。而在《货币浅说》这个专辑里面，我就沿着美国人能不能用这一招这个角度来继续说，说完了之后又衍生出新的问题，于是就绵绵不绝，无穷无尽，我们可能就要一直这样说下去。

按照我对每一章内容的规划，本章至此已经接近尾声。朋友们可能觉得这一章没讲到什么实际内容，有点儿忽悠人的意思。可是我却要非常非常严肃地说，这一章的内容十分重要。它表达了我在看待货币金融现象时候的一种思维方式。

这种思维方式，中国人习惯把它称为整体观，西方习惯把它称为系统论。而系统论和整体观的背后，一定会有辩证法。当我把整体观、系统论和辩证法这三个赫赫有名的家伙抛出来的时候，总算为我的这种思维方式找到了一个大家能够普遍认可的注脚。

离开了总体观、系统论和辩证法，就无法清晰、准确、完整地把握货币金融现象，脑子里面所有的金融现象都是支离破碎的，一定不是科学合理的。

绕了一大圈，依旧要回归正题。既然我自认为自己的思维方式如此必要，为何在论述美国人的贸易逆差的时候，却一反常态，说得相当绝对，说它是"不可能避免"的呢？为什么它就这么特别呢？它究竟特殊在何处？

至于是什么特殊原因，且看下一章分解。

第44章
美国人会赠送我们美元吗？

作者按：
本文写作和在网络发布的时间为2018年9月。

在上一章中，我冒着被诸位讨厌的风险，专门讲了一个看待货币金融问题的思维方式：看待一切事物都不能绝对化。与此同时，本人亦坦然承认：在描述美国的贸易逆差时，将其表达为"不可能避免的"，是一个绝对的概念。

本人为什么要一反常态，使用如此绝对的表述？

把一件事情判断为"不可能",它必须从逻辑上无懈可击。

逻辑是个什么东西呢?逻辑就是表述一些内在的规律。打个比方,生活中儿子的年龄是不可能超过老子的,这是客观事实,也是逻辑。当然前提是这儿子必须是亲生的,如果是干儿子和干爹之间的关系,那自然就另当别论。

这样的逻辑基于对事实的归纳,且从来没有例外,所以基本不需要什么推理,这在数学上就叫作公理,比如说两点之间直线最短。

比照这个思路,我们来看一看美国人的贸易逆差是怎么回事。

我在自己的自媒体节目中反复申明,在国际市场上买东西,人民币是不大管用的,其他的货币也都不怎么管用——当然近年来有所改变,但没有根本和大的改变,这一点容后详禀。总而言之,诸位可以先建立这个概念:在国际市场上买东西大体上离不开美元。

接下来问题就来了,我们的美元从哪儿来呢?

一个渠道就是美国人白白赠送给我们。按每个国家每个人一定的标准发到手上,以便于这些国家人民到国际市场上去买东西做生意。

就像我们打麻将,本来是要输钱或者赢钱的,但有时候我们不想真的这么输钱赢钱,所以有一个常见的玩法,就是打麻将之前,每个人发一定数量的纸牌,作为接下来输赢时支付的本钱。等到开局的时候,输了或者赢了就不必支付钞票,而是支付纸牌。比如,这一次我赢了,每人需要给我一张纸牌;下一次你赢了,每人要给你两张纸牌,以此类推。总之,打麻将之前,每人免费发放纸牌作为本钱。

你觉得美国人会在每个国家进行国际贸易之前,免费向我们发放美元这种纸牌吗?

你觉得这可能吗?你听说过这样的事吗?

这个问题就不说了吧。

另一个渠道就是靠自己,去挣。我们平时说挣钱挣钱,在国际上要挣的钱，首先是指美元。

那么怎么才能够挣到美元呢？

我所知道的路只有一条，那就是拿自己的商品或者服务去换。总之，美国人不会白给你美元。

那么，我们现在再来做一做算术题。

今天的算术题的预设前提是：我向美国出口100美元的商品，手上拥有了100美元。具体过程是这样的，我把商品运到美国，在美国市场上卖出去获得100美元，然后我拿着这100美元在中国的银行换成相应数量的人民币，我们国家的外汇储备或者商业银行的外汇就有100美元。

接下来会发生什么情况呢？

第一种情况，我向美国出口100美元之后，美国并不向我出口商品，我们就把这100美元留在国家的外汇储备账户上，以备我国在世界各国买东西。那么，这就意味着我国向美国出口了100美元，美国向我国出口了0美元，美国人的贸易逆差是100美元。

事情当然不会是这么简单，通常，我们向美国出口商品，美国也会向我们出口商品。于是，就会出现第二种情况。

第二种情况就是，我国向美国出口了100美元的商品之后，美国也向我国出口了100美元的商品。具体过程是，美国人把商品运到中国卖出去，获得一定数量的人民币，然后再拿着这些人民币在中国的银行兑换成100美元，从而把这100美元拿回美国。这样，我国向美国的出口贸易额就是100美元，美国向我国出口的贸易额也是100美元，100美元和100美元相抵消，我国的贸易顺差是0，也就是说美国人的贸易逆差也是0。

这样会是一个什么结果呢？那就是我们国家的外汇储备或者商业银行的外汇上，美元的结余是0。

在前文中我反复强调，我们去国际市场上买东西，必须用美元，当我们手上的美元是 0 的时候，就不可能在国际市场上买到东西。

不仅如此，当美元外汇储备是 0 的时候，如果有美国人把东西运到中国市场，当货物在中国市场销售完毕后，他要把他销售所得的人民币在中国的银行里换成美元再拿回美国，可是我们的外汇储备却没有美元了，不能给他换美元，那么他也就拿不到美元。他拿不到美元，他也就不会到中国市场上来卖东西，我们也就不可能在中国市场上买到美国人的商品。

所以说，这种情况是万万不可以的。出现这种情况，我们的国际贸易就是一盘死棋。

当然实际情况大多数是第三种。

第三种情况就是，我国向美国出口了 100 美元的货物，美国向我国出口了 80 美元的货物。于是我国在外汇储备上获得了 100 美元，支出了 80 美元，我国还结余 20 美元。这 20 美元就是我国的外汇储备，我国就指望着这 20 美元在国际市场上买东西。

从逻辑上说，还应该有第四种情况，第四种情况就是我国向美国出口了 100 美元的货物，美国向我国出口了 120 美元的货物。可是我国只挣了 100 美元，我们的外汇储备只有 100 美元。美国出口到我国的 120 美元的货物，最终它要拿回去美元而不能把人民币带回去，那我国拿什么支付给它 120 美元呢？答案是没办法。谁都知道没办法，美国人也知道这没办法，所以美国人也就不会卖给我国 120 美元的东西。

事情到这里就基本明朗了：在国际贸易的一来一去之后，我国必须有美元结余。

还是老规矩，重要的事情说三遍，所以再说两遍：我国必须有美元结余；我国必须有美元结余。

至于为什么一定要有美元结余，前面已经数次说过，由于它太重要了，也享受"重要的事情说三遍"的待遇，所以再重复两遍：没有结余我国就不可能到国际市场上去买其他东西；没有结余我国就不可能到国际市场上去买其他东西。

那么这种结余从哪儿来呢？

毫无疑问，我们卖给美国人的东西的金额必须大于美国人卖给我们的东西的金额。

这两个金额之间的差额就是美国人的贸易逆差。

所有的话都说完了。

你说美国人的贸易逆差能消失吗？

需要特别强调一点的是，世界上除了美国以外的所有国家都和我国面临相同的境地。

这意味着什么？这意味着所有的国家都必须拼了老命去争取自己的贸易顺差，也就是美国人的贸易逆差。

这样一来会导致什么后果呢？我想借用电影《天下无贼》里面的一句台词：后果很严重，黎叔很生气，而黎叔怎么生气，为什么生气，就是我们下一章的主要内容。

第45章
重复了42年的故事，老掉牙了！

作者按：

本文写作和在网络发布的时间为2018年10月。

在上一章我们提到了一个很重要的经济现象：世界上除了美国以外的任

何一个国家的人，在跟美国人做生意的时候，必须保持一个状态：他卖给美国人的东西的金额，必须大于美国人卖给他的东西的金额。这对于美国人来说就是贸易逆差，因为只有这样，这些国家手上才会有结余的美元。

有的人可能会有这样的疑问：以我国为例，我们手上结余的美元，也并不一定要在美国人手上去挣，我们也可以在欧盟那里去挣，在日本人手上去挣！如此一来对美贸易顺差何来？

回答正确！

但是，却不能加十分！

因为世界各国都需要美元，我们如果从欧盟那里多挣了一点儿美元回来，那欧盟的美元又从哪里来呢？他还是要从美国人手上挣，美元的源头在美国。

顺着这条思路，诸位就会发现一个世界经济格局的基本版图：全世界除美国以外的所有国家是一个整体，这一个整体，必须千方百计从美国那里多挣美元——尽管这个整体内部的美元分配可能会你多一点我少一点，或者我多一点你少一点。

所以没必要把世界经济格局说得天花乱坠，其实很简单。

以上就是我对美国贸易逆差产生的逻辑分析。那么这种逻辑分析是否有实例来说明呢？

回答是有。

而且铁证如山！

美国人从1976年开始一直到现在，没有哪一年不是贸易逆差，而且贸易逆差的增速相当快。请注意，我在这里说的是没有一年是例外，也就是说，年年都是逆差，而且越差越大。

1976年，美国的贸易逆差是157亿，到1980年是314亿，到1990年是1233亿，到2000年是4773亿，到2010年是6906亿，到2017年是8000多亿。

请注意，上面的数据，不是累计数据，而是当年整年的数据，而单位，自然是美元。

费了这么大的劲，终于整明白了一件事：除了美国以外的所有国家都要去挣美元，而且挣的方式只有一种：卖自己的东西到美国。当然这是就总体而言，具体可能会有细小的差别。

因此世界各国也只有一种选择：它卖到美国的东西的金额要超过美国卖给它的东西的金额。既然如此，各国都是凭借什么来一直保持这样的"优势"？

如果你的产品或者服务是质优价廉的，那自然没有问题。一般而言，这个选项是首选，各国销往美国的商品都是物美价廉的。

可是如果你没有质优价廉的东西呢？

没有质优价廉的东西，是不是就可以不办、不把自己的商品销往美国了呢？

答案是：不办也得办！

不办也得办，那怎么办？

那就从两个方面办，无论哪个方面，都要不惜一切代价地办。

举个例子：检索了一番，你发现自己没有什么质优的东西。那就得找——挖地三尺地找，找到为止。把你们家压箱底的东西、老祖宗留下的东西、地下深埋的东西通通找出来。总而言之，把你最珍贵最稀罕的东西拿出来。在这一步，美国之外的各国基本上有资源的卖资源，有宝石的卖宝石，有啥卖啥。这其实相当残酷，请诸位尽情发挥自己的想象力，好好想想。

即使如此还翻不出质量优的东西怎么办？

还有一个办法，那就是消耗环境。那些容易造成环境污染的东西，有些人不愿意生产。你没有更好的产品，别无选择，只能牺牲环境使劲地生产。

当然最好的办法是不断发展科学技术，不断改进生产工艺，生产出精妙无比的商品。这就要看你的本事了。

生产出"质优"的东西，大约就是上面几招，请诸位务必原谅我在这个问题上的语焉不详，个中缘由只能您自己慢慢体会。

第46章
一群人和你拼命，会怎样？

作者按：

本文写作和在网络发布的时间为2018年10月。

在上一章中，我们聚焦了以下现象：为了保证自己卖给美国人的东西的金额大于美国人卖给自己的东西的金额，美国之外的国家必须千方百计向美国提供质优和价廉的商品，与此同时，进一步分析了怎样为美国人提供"质优"的东西，接下来就说一说怎样提供"价廉"的东西。

提供"价廉"的商品最常见的方式就是降低成本，而降低成本，最常见的方式又是压低原材料价格，甚至尽量获取免费的原材料。

啥意思？打个比方：你从地底下挖出来一块石头，这玩意儿很好，你决定把它卖给美国。你每挖一块石头花的人工费用大约就要10元。按理说人工费10元，石头本身无论如何也存在成本，如此一来，总成本至少应该在20元。可是这块石头在美国市场上只能卖10元，价格再高了没人要，这怎么办？

很简单，石头就不算钱了，只算一下挖石头的人工费就完了。

悲剧吗？可这是没有办法的事，谁让你需要美元呢？

还有一种办法：降低人工费用。如果你有一件商品要销往美国，每个月给工人发3000元人民币的工资的话，这件商品的成本就是100美元。那你在美国市场上至少要卖到100美元才能不亏本。可是这件商品在美国市场上最多只能卖到90美元，91美元就没人要了。怎么办？

给工人少发点工资即可！把工人工资降成每个月2000元，这样商品的总成本也就降成了90美元。于是这批货物就能以成本价在美国售卖，货主也可以借此赚取美元。

那工人岂不"造反"了？

但诸君须知：对贫穷国家而言，工人有2000元工资总比没有工资要好吧！这就已经足够了，无须多言。

还有什么办法呢？——

有。这个最好的降低成本之法就是提高技术水平，加强经营管理，形成规模效益。这些词诸位再熟悉不过，因此不做具体展开。只不过好办法的难度系数都比较高，玩不玩得转就各凭本事了。

2020以来，高科技逐渐成为热词。值得庆幸的是，多年来，我国高科技与尖端技术的发展速度一直很快。正因这一点，我国引起了美国人的高度注意，至于详情，留待后文展开，在此不赘。

其实上文罗列的所谓解决"质优"问题的途径，解决"价廉"问题的途径，并无意于说清具体措施，所以行文同样也相当模糊。

那究竟如何才能使商品质优价廉？

其实两个字就足以说清楚了：拼命。

是的，拼命！拼命就意味着不惜一切代价。

请注意，参与拼命的人是除了美国以外的全世界。

而这种情况意味着什么，则是下一章的重点。

第47章
1%的人掌握99%的金钱

作者按：

本文写作和在网络发布的时间为2018年10月。

全世界都在用拼命的劲头把"质优"和"价廉"的东西卖给美国，这又会导致什么后果呢？

这对于美国人来讲，意味着一好一坏两个情况。

好的情况就是美国人享受了全世界用拼命的精神制造出来的最好的产品，而且是以最优惠的价格卖给他们的。

这是对美国来说好的一面。

坏的一面是什么？

从经济竞争的角度，美国人以一国之力，以全世界为对手，与全世界博弈——这些对手还是在美元体制下拼命的那些国家。

这又会导致何种局面？

很简单：打群架！

打群架一般是什么结果？一群人群殴一个人是什么结果？

美国经济会因此呈现出一种什么样的格局呢？

多年的"群殴"，导致美国的很多行业，尤其是制造业都衰落了——每天面对一群拼了命的人，焉能不衰落？

因此，在很多财经评论文章中都能多次反复看到，在现实中也有很多人谈论美国制造业的衰落，以及美国人口口声声宣称的，要让制造业复兴和回归，就是这么来的。

重要的事情说三遍，所以再说两遍：美国制造业衰落了；美国制造业衰落了。

以制造业为代表的很多行业都衰落了，那美国人拿什么东西在手上玩呢？美国手上还是有东西的，而且它手上留的这几样东西也有其能保留下来的必然性。

首先，是金融业。为什么会是金融业呢？形成这种格局的根本原因是什么？是美元在世界货币体系当中的独特地位，也就是我们耳熟能详的所谓的"美元的世界货币地位"。美元的基点在于它的全球流通性，但是仅有这样一个基点还是不行的，还要有一系列的具体操作来维护这样的机制。这个机制就是美国的金融业。美国的金融业的代表是什么呢？是以华尔街为代表的金融业聚集地。如此看来，美国的金融业发达是情理之中的事情。

其次，是美国的军火产业。美国要维护这样一个对自己有利的经济格局，在不得已的情况下，要靠军队去征服别人，正因如此，美国人的打仗次数是比较多的。即使美国不打仗，也必须保持一个强大的军事力量来给人以威胁和震慑。因此美国的军火产业发达就不足为奇了。

最后，也是美国的镇国之宝，那就是高科技产业。美国敢这么玩儿，也不是稀里糊涂地玩到这个份儿上的，美国人心里很明白，他手上有最厉害的家伙——高科技。美国人自恃拥有众多高科技产业，曾经在20世纪90年代主动进行了产业调整，把制造业这些传统行业摆在一个被淘汰的地位。时至今日，美国的高科技依然是全世界最厉害的，这一点诸位都耳熟能详，亦不需详述。

有人说：美国的农业也特别厉害，怎么不见提及？美国的农业确实厉害，但它绝对不是诸位眼中刀耕火种的农业，美国的农业其实应该算在高科技产业内。同样是种地，美国人的地里长出的庄稼就是比别人多、比别人好,难道仅仅是因为美国土地肥沃、雨水充沛吗?都不是,美国农业发达是因为美国科技发达。

金融业、军工产业、高科技产业,都有一个共同的特点,使用劳动力的数量相对较少。这样一来,就相当程度地影响了美国的就业率。

还有一个问题:上述经济格局必然会导致财富向少数人集中。金融业不是一般人能玩得了的,玩金融还能赚钱的人大多是大鳄,普通人玩金融能赚钱的不多。

军工产业就更不必多言,都是高科技产业,能在军工企业里面打工的,也都不是一般人。

对于高科技就更不必多说了:高科技产业的从业者都是白领,蓝领怎么办?因此蓝领的就业机会就少了。

所以在2008年金融危机之后,美国人发起了一个占领华尔街的运动。那场运动的其中一个口号是"1%的人掌握了99%的金钱"。

在这种情况下,美国人也慢慢地意识到了这个问题。

那美国人具体是怎么想的,又是怎么做的?下一章主要探讨这个问题。

第48章
有没有寄生虫?不能乱说

作者按:

本文写作和在网络发布的时间为2018年10月。

上一章我们说过,美国人在经济领域和全世界"打群架",导致了美国自身制造业的衰落和金融业、军工产业及高科技的崛起与高速发展。需要说明的是：本书所说的"制造业的衰落"主要指中低端制造的衰落，高端制造也就是高科技，美国是很厉害的。网上诸位请注意：很多说"美国制造业衰落"的文章中并没有提到这一点。

那么，美国人面对这种情况是怎么想的，又是怎么做的？

要说清楚这问题需要绕一个很大的弯子，还请诸君耐心一些。

不过在绕这个大弯子的过程当中，诸位会有很多意外的收获。

目前全世界的经济贸易的玩法，书面语叫作"国际经济秩序"，是"二战"以后由美国人主导建立的。大体的脉络有两条，一条是建立美元为主要世界货币的世界经济格局；另一条是自由贸易，也就是大家都要尽最大可能减少贸易障碍。比如关税，加征关税就是一个障碍；再比如说各国自身的环境保护、卫生防疫、配额等都是障碍的表现：明明货物质量很高，却非说里面有个寄生虫，可能危害国家人民的身体健康，这就是障碍；明明应该自由进出，却非要规定一个限额，超过这个数就不让进口了，这同样也是障碍。

上述举例的意思并非所有的障碍都是不合理的，但是我们也要承认，确实有很多障碍其实是人为制造的。总之，凡是不利于贸易流通的东西都叫障碍，专业术语叫壁垒。我们经常提到两个词，一个叫关税壁垒，一个叫非关税壁垒，来源就是这些障碍。

这些规则就是在美国的主导下建立起来的；所谓的"贸易无障碍"的指导思想，也是美国几十年来大力倡导的。美国是自由贸易的倡议者和践行者，当今世界的国际贸易的自由化，美国功不可没。

我在自媒体栏目《财经背后1》专辑里专门提到：国家现在建立海南自由贸易试验区，也是秉承自由贸易的理念。我们的志向非常远大，所谓海南的自由贸易区只是一个试验区。如果试验成功了，将会向全国推广，届时有可能整个中国都是自由贸易区。

国家为什么要这样做？理论研究和实践证明，倡导自由贸易能够让自己的利益最大化，也能够让全世界的利益最大化。

美国在"二战"以后的几十年搞经济也是基于这样的逻辑，遵循这样的玩法，并在此基础上形成了"国际经济秩序"。

这种玩法有一个逻辑前提，那就是分工。如果没有分工，各国都胡子眉毛一把抓，萝卜白菜黄瓜土豆齐上阵，都自给自足了，关起门来玩自己的，那还要国际贸易干啥呢？只有分工，你干这个，我干那个，你需要我的东西，我需要你的东西，这样才有国际贸易。你不见得a、b、c、d、e、f、g什么活都干，我也一样。我哪怕只生产a一种产品，但是我也可以通过自由贸易来获取别人所生产的其他商品。

美国作为这种世界经济贸易的玩法的倡导者，既然涉及分工，一定要给自己先做好定位。在a、b、c、d、e、f、g各种产品当中，它到底生产什么产品？

美国基于各方面的分析，在20世纪90年代前后，给自己的定位就是高端制造和金融、军工。

它的这三个定位，基本上都是处于产业链的上游，或者是处于经济金字塔的顶端。美国做出这个战略选择的基本理由是，这三个领域来钱最快。

美国的这个考虑是否正确呢？

金融自然是来钱最快的行当，诸位如果有兴趣查一查，全国或者全世界各行各业的平均工资将会发现，金融行业多年来一直高居榜首。

美国的"自我定位"，在有意无意间帮助整个国家完成了产业升级和产业转型，将自身体系中的中低端制造业转移到世界各国。在这期间，中国刚好搞了改革开放，承接了这一转移——这也是中国改革开放的国际背景。

结果如何？其结果就是中国拥有世界上门类最全的产业，而美国只拥有处于经济金字塔尖的少数几个产业，其余产业基本被美国转移至海外。

主动进行的产业转移和前文所述的"打群架"，叠合起来，造成了后来美国中低端制造业的衰落。

美国如何应对自身的中低端制造业衰落？自然是大力振兴——无论任何产业衰落，其"应对办法"总是"大力振兴"。

如何振兴？首要是练好内功，除此之外，当自己比较弱的时候，要设法遏制对手。

至于如何遏制、谁是对手，且听下回分解！

第49章
一个啥都有的国家，世界唯一

作者按：

本文写作和在网络发布的时间为2018年10月。

中国改革开放40多年来，经济发展速度很快，主要靠的是什么？毫无疑问靠的是制造业。所谓"中国制造"本来是一个普通的商业标识，后来逐渐变成了一个令美国寝食难安的经济强势标签。美国曾经这样极端地形容"中国制造"的厉害之处，"只要有一艘装满'中国制造'的货船在港口停靠，美国的一个企业就要关门"。这虽然是夸张之语，但可以看出美国的惊恐之状。

不仅如此，中国还是世界上唯一一个具备完善的工业体系的国家。

在联合国的产业分类中，所有的工业总共分成39个大类，191个中类，525个小类。

中国拥有多少个工业门类？

非常高兴地告诉你，上面有多少个大类，有多少个中类，有多少个小类，中国就有多少个大类，多少个中类，多少个小类具体数字在此不赘。而这样的国家在全世界只有一个，那就是中国。

如果说我们拥有百分之百的门类，排名第一，那么排名第二的是谁呢？是美国自己，它拥有94%，依旧名列前茅。

门类齐全意味着什么？

意味着如果在中国办一个厂，能够最大限度地买到所需要的配套产品。当然这并不意味着能够买到世界上任何一个商品，要是那样的话，等于中国就把全世界给包了。

我们上面所说的拥有的那些大类、中类、小类，每一个大、中、小类里面又有很多个商品。我们说我们拥有每一类，是指这一类里面我们至少拥有一种产品，而不是说这个类里面每一个产品我们都有。

总之，门类齐全，就很容易完成配套工作。用一句很流行的形象化的表述就是：一家制造业厂商在中国打半个小时电话就能完成的配套工作，到其他国家可能要半个月才能搞定。

能够在本国找到配套的生产厂家，大大降低了产品生产的成本。从外国进口零件，不仅要支付运费，而且还要支付关税。外国的某个商品也许本身很便宜，但是如果加上运费和关税，历经千山万、千辛万苦，运到中国，价格就不便宜了。这就是老百姓常说的，豆腐盘成肉价了。

这也使得中国即使劳动力成本已经明显高于很多发展中国家，但是大量的产业还是愿意留在中国。当然这只是原因之一，原因之二是我们国家拥有完善的基础设施。

一个国家的制造业的竞争力，不仅取决于它生产产品的直接成本，还取决于它的配套能力，配套方便可以降低企业的成本。企业成本降低，企业的竞争力就上升了。

不过中国制造业厉害，主要是指中低端制造业，在高端制造业，也就是高科技行业，美国依旧遥遥领先。

但是在高端制造领域，美国也非常有危机感。美国虽然跑在最前面，最厉害，但是它要看看谁跟在它后面跟得最紧，因为跟得最紧的这个人肯定是对它最有威胁的人。

这个国家是谁呢？

还是中国。

高端制造业也就是高科技产业，是由科技水平所决定的。中国的科技水平，现在到底是个什么档次？

关于这一点一直没有定论。

不少声音说中国很厉害，厉害到什么程度呢？比方说某某教授刚刚回国，美国人就彻底慌了。天哪，一个人刚刚回国，整个美国都慌了，你说有多厉害？

也有人说别再自欺欺人、掩耳盗铃了，你看中兴通讯，说起来那么厉害，美国人刚刚宣布说不卖给它芯片了，它立刻就休克了，还谈什么谈？简直是不堪一击！

至于为什么会出现这样反差强烈的评论，且听下回分解。

第50章
美国的心腹大患

作者按：

本文写作和在网络发布的时间为 2018 年 10 月。

中国目前的科技水平，目前有两派意见：一派认为已经很厉害了，而另一派则认为完全不上档次。

为什么大家的认识差距如此之大?

我认为,中国的科技水平在有些方面确实比较牛,但是有些方面真的还有所欠缺,如何评价,要看关注点在何处。

比方说,中国在有的方面独步天下,毫无竞争对手,甚至连美国都无法和中国竞争。

这是什么领域?——量子保密通信,这个领域的创始者就是中国人。

再如,有些领域只有中国跟美国两家在推进,别国目前只是站在旁边看,业内把这种现象称为"双头格局"。这又是什么领域?是互联网和人工智能。全世界前十大互联网企业,美国有六家,中国有四家,全世界其他国家加在一起有多少?一家都没有!

有的领域是多国竞争,中国有一定优势,这主要是指通信、高铁、港口机械、民用无人机、数字安防等领域。

还有的方面是多国竞争,中国跟在别国屁股后面追。这主要是指机械、石油、航运、飞机、手机等。

还有中国发展一般但又最需要的一类,这就是芯片和操作系统。美国一家独大,全世界都望尘莫及,中国自然也是如此。

面对上述科技格局,对中国的科技水平给出什么样的评价比较客观?厉害?很差?其实是无法简单评价的。

那么,有没有一个指标能够综合反映出一个国家的科技实力?

当然有,只不过诸位平时对这样最有价值的东西反而不怎么关注罢了。

全世界共同认可的指标,是一个国家的研究和开发费用,简称研发费用。请注意,这是全世界公认排名第一的综合指标。我为什么要这么啰唆地强调这一点?因为在这本文集中详细阐述这个指标是如何发挥效用的,为什么会"世界公认",并不是一件简单的事,而且诸位还容易烧脑,因此只能告诉大家,这个指标"全世界都很公认"。

现在，让我与诸君一起用这个指标来综合评判一下中国的科技水平和发展势头。

中国的研发经费在近几年一直处于全世界第二的位置。第一名是美国，第三名是日本。后面几个国家依次是德国、法国、韩国、英国。

当然，中国虽然是第二，但是与美国的差距比较大，因为美国占全球总经费的30%，而中国大约只有15%，也就是说只有美国的一半。

但在另一方面，总体上中美两国占到了45%，世界上其他所有国家加在一起只有55%，这也是一个值得重视的数字。

这是最核心的指标，以这个指标衡量准绳，基本格局就清晰了。

当然，看研发经费不能只看绝对量，还要看它的发展趋势，也就是研发经费的增速。那么中国的增速如何？回答是：中国研发经费的增速世界第一。

为何这个增速非常重要？好比是大家在一起赛跑，美国跑到最前面，中国在第二，但是中国的增速是全世界第一，比美国快，这意味着什么？意味着中国早晚都要赶上美国，超过美国。

除此之外还要看研发经费的投入强度。所谓投入强度，就是研发经费占GDP的比例，目前中国大约是2%。这是中等发达国家的水平。

这项指标该如何理解？

首先，我们国家目前仍然是发展中国家，但我们的研发经费投入强度达到了中等发达国家水平，这意味着我国对科技的重视程度远远高于我国现今所处的经济发展水平。

其次，既然我国对研发经费的投入强度现在还只是中等发达国家水平，说明我国和发达国家有差距，研发投入尚有待提升。可以假想一下，如果我国的投入强度能够达到发达国家，特别是美国的水平，追赶起来是不是就更不一般了。

以上是我对中国科技水平总体上的判断。

上文如此劳神费力地说明中国的科技水平，是为了说明我们在高科技行业方面跟美国之间的竞争态势。

上文已多次提及、剖析，中低端制造业水平，中国已经超过了美国，在高端制造业，也就是高科技行业，我国是世界第二，但我国的增速远超美国。

这意味着什么？意味着在制造业这一个大范围内，我国已经有一部分超越了美国，美国自然把我国视为最强的对手；而另外的部分我国虽然比美国差，但依旧是全世界其他国家中美国最重要的对手。

说来说去就一句话：中国是美国的心腹大患。

从这个角度看，如果你是美国人，你要打击竞争对手，你打击谁呢？答案是不言而喻的。

面对美国的打击，最重要的是要知道它的招数，这正是下一章的主要内容。

第 51 章
野蛮的一刀

作者按：

本文写作和在网络发布的时间为 2018 年 10 月。

上一章主要论述了美国要打击的竞争对手是谁，这一章来说一说美国会有的手段——它会怎么打击我国？

一般来说，如果能一剑封喉，一招置人死地，自然是上上之选。美国先选了一个小点，小小地试了一下牛刀。

这把刀捅向了哪里？中兴通讯。明面上发生的事诸位都已经知道了：今年美国宣布，停止向中兴通讯提供芯片。

美国宣布这项打算之后，中兴通讯立刻宣布公司进入停摆和休克状态。

什么是停摆？什么是休克？基本上是玩不转了就不玩了。

美国这一刀厉害不厉害？

这件事情最后如何解决？自然是双方妥协——美国提出了很多很苛刻的附加条件，但是最终还是答应给中兴通讯提供芯片，中兴通讯得以继续运转。

这个结果我国自然很不满意——我也很不满意，但是这总比真的让中兴通讯休克要好得多。

为什么是这样的结果呢？是美国大发善心，心生慈悲？

我认为不是。

是我国在别的方面给美国人施加了强大的压力吗？

即使有，也不是根本原因。

那根本原因是什么呢？

这就必须再讲一次之前的内容了——

"二战"以后的世界经济格局是自由贸易，而自由贸易的前提是分工。分工的意思就是你干这，我干那。打个简单的比方就是我种白菜你种萝卜，然后我用我的白菜换你的萝卜，你用你的萝卜换我的白菜，这就是分工最简单的含义。

分工还有一个更重要、更深层次的含义：产业链。

什么是产业链？

产业链就是大家在生产的各个环节上，还像链条一样紧密连接在一起。比如，你生产的 b 产品卖给张三，张三把它加工成 c 产品再卖给李四，李四再把它加工成 d 产品卖给王五，王五再把它加工成 e 产品卖给赵六，赵六再加工成 f 产品卖给我，我再加工成 a 产品供应全世界。这样在全世界范围内，生产的过程就形成了一个链条，这个链条就是产业链。

由于有产业链的存在，实际各国都是相互依存的关系。

假如这个链条当中任何一个国家，比如说负责生产 f 产品的赵六，它不高兴了，不把产品卖给下家了，下家就傻眼了，因下家指望着用它的 f 产品做原材料来生产自己的东西。

同时赵六的上家也傻眼了，因为它不卖东西给下家，它自己的产量会下降，它自己的产量下降，就会少买上家提供的原材料。

更重要的是赵六自己也傻眼了，你是干吗的？做生意。你要做生意？结果你自己不卖东西给别人了，这不就是不做生意了吗？那你难道回家洗洗睡吗？

所以在这种游戏规则之下，各国其实一损俱损，一荣俱荣。

美国断供中兴通讯，不卖一些关键的芯片给它，实际就是这种性质的事件。

如果真的彻底断供，中兴通讯深陷泥潭自不必说，给中兴通讯提供芯片的美国高通公司也会随之深陷泥潭，给高通公司供货的世界各国的相关企业也将深受其害。而最后，中兴通讯事件以中美两国的让步而收场，固然有双方的妥协，最根本的原因其实就在于"产业链"三个字。

通过中兴通讯这个事件我们可以看出，美国要制约中国这样一个对手，通过一剑封喉的手段是不行的，野蛮的搞法不靠谱。

那还有什么温柔的招数吗？第 52 章，我们就来谈一谈。

第 52 章
温柔的一刀

作者按：

本文写作和在网络发布的时间为 2018 年 10 月。

美国打击竞争对手，想用野蛮的招数一招制敌，来个一剑封喉，一下子把别国打倒在地,结果发现不行。

野蛮的搞法不靠谱,那么温柔一点儿行不行?

比如加征关税行不行?加征关税已经算是温柔的一刀了。这一刀砍下去,不至于置企业于死地,但会让企业很难受,很痛苦。

那么加征关税会导致什么后果?

后果其实与"野蛮一刀"区别不大,相关企业会很难受。这种难受、这种痛苦一定会向产业链的上游和下游传导。比如,美国对中国某一个企业的a产品加征关税,但是a产品是卖给美国的某一个企业做零部件的,于是美国的这家企业的成本就会升高,这就是往下游传导。同时中国生产a产品又需要购买韩国的某一个产品作为零部件或者原材料,中国的a产品生意不好做了,产品不好卖了,必然会影响韩国这款产品在中国的销售情况。

还有更有意思的事,比如,这个a产品的原材料其实是来自美国的。那么接下来故事情节就变成这样:美国对我国的a产品加征关税,于是美国买a产品的那些企业的成本增加,相关企业难受了,这是问题的一方面。另一方面,生产a产品本来就要向美国的另一个企业购买原材料或零部件。中国的企业难受,一定会把这个企业的难受向上游,也就是给中国的a产品供应原材料的这家美国企业传导。这样给中国a产品供应原材料的这家美国企业也难受了。

这一轮下来,其实可以扳着指头算一算总账:一方面,美国对我国的a产品加征关税,导致了购买a产品的美国企业难受了。另一方面,给我国a产品供应原材料的美国另一家企业也难受了。

美国这么搞来搞去,最终都搞到自己身上去了。这一刀砍在中国一个产品的头上,却疼在两家美国企业的头上。

这个故事并不是空穴来风,它恰恰就是中美贸易当中的一个真实现象。

为了进一步拆解这个故事,接下来请诸君与我一起看一看2017年中美双边贸易的结构。

中国从美国进口的商品中，比重最大的是电机、电器、音像设备及其零部件。而中国出口到美国的商品中，比重最大的是什么？很有意思，还是电机、电器、音像设备及其零部件。

这些专有名词代表了什么？我一直致力于少说或不说专有名词，因为这会让读者诸君觉得"烧脑"、很累，但这里要破一次例——上一段中的专有名词都是统计学意义上的名词。

简而言之：中国从美国进口最多的东西，同时又是中国出口到美国最多的东西。很明显，这意味着，中国从美国买了这些东西，加工好了又卖给美国了。这种商业模式是导致上文所述例子——制裁中国企业，最后其实疼了美国本土企业的根本原因。

不仅如此，中国从美国进口的商品中，比重排名第二的是核反应堆、锅炉、机械器具及零件。与此同时，中国出口到美国的商品当中，排名第二的还是核反应堆、锅炉、机械器具及零件。

有意思吗？简直无语。

综合上述情况，可以得出一个结论：

不管是野蛮一刀还是温柔一刀，在当今经济贸易的游戏规则下，那个国家一不高兴了就贸然胡来，全世界都会跟着它一起受罪。

当今的世界贸易格局就像一根长长的水管，水管上有很多个阀门，这些阀门由各个国家来把控，正常情况下这些阀门都是开着的，如果哪一天其中有一个阀门的主人不开心了，他要把他的阀门关了，或者是拧小一点儿，于是，这个阀门下游的水少了，还很可能会断流，而阀门上游的水也会在这里被堵住，流不动了。

如果一个人生气害得大家日子都不好过，于是第二个人也生气，一怒之下也把阀门给关了或者拧小了，一传二，二传三，三传四，四传百，如果大家都这么干了，水管子里的水就流不动了，那整个世界贸易经济就是一盘死棋。

这其实就是自由贸易的重要性，也是中国一直反复大声呼吁的一件事。

诸位去深究自由贸易的必要性、合理性和重要性，去翻经济学著作，估计一年也学不完这些著作。

但是如果诸位简单一点儿想，那事情其实就这么简单。

那美国或者西方懂不懂这个道理？

我相信连我都懂的道理，他们肯定懂。他们不仅懂，而且还吃过亏。在20世纪30年代，在经济危机导致的大萧条之后，也是以美国为首，开启了贸易保护主义，也就是类似中国旧时"闭关锁国"的政策，但是他们后来发现这么做不行，又改弦更张，才使自己的经济和全世界的经济走出低谷。

既然他们深谙个中缘由，为何还要一意孤行？

第53章
一直想干

作者按：

本文写作和在网络发布的时间为 2018 年 10 月。

上一章讲到，美国其实应该也知道贸易摩擦对自己没好处，而且在历史上已经吃过亏了，但是他却偏偏还要这么干，其行为逻辑究竟是怎么样的？难道美国准备在背后放什么大招吗？

我认为其实美国背后没什么招了，他这么做的原因也很简单：没办法。

如果美国不这样干它的制造业怎样回归和复兴？

有人不禁要问，那美国制造业不回归、不复兴，就不行吗？

本书在前文中提到：美国人曾经一度有意无意让制造业向其他国家和地区转移。等美国制造业衰落之后，他们认真梳理梳理自己的思路，才发现原来的如意算盘有些问题。

我在第47章讲到，制造业的衰落一定会影响蓝领工人的就业岗位，而问题还远不仅如此，据美国本土一些研究表明，制造业可以创造高度关联性的产业链，简单地说，制造业每增加1美元的销售额，就可以带动其他行业1.4美元销售额；制造业每创造1个就业岗位，就会带动其他行业创造1.6个就业岗位，而1个先进的制造业岗位的创立，可以带动其他行业5个岗位的就业机会。

由此可见，制造业已经变成了牵一发而动全身的行业。因此美国制造业衰落的问题不解决是不行了。

美国大约是从什么时候开始意识到制造业衰落这个问题的呢？

应该是从2000年互联网泡沫开始，美国发现光玩互联网这些"高大上"的东西还是不行，还是要玩点普普通通的东西来得实在。

此后美国对这个问题的认识不断深化，在2008年金融危机的时候达到了顶峰。从那个时候起，美国政府铁了心要振兴制造业。

这里有一点需要特别说明，美国的制造业的衰落固然有美国人战略失误的层面，但同时更重要的是以美元为世界货币这样一个世界货币体系的基本格局所决定的——甚至可以说是根本原因。

这意味着即使美国自己没有有意地去转移它的中低端制造，它的中低端制造要想发展起来也是很困难的，有一群其他国家"群殴"美国中低端制造业，这一原因本书在第45、46两章中做过阐述。

现在说这些已经失去意义：美国的中低端制造业已然衰落下去，直到美国人发现制造业这玩意儿挺重要，不仅不能让它衰，还要让它雄起，所以振兴制造业就是他们不得不做的一件事情。

从奥巴马政府开始,他们就制订了一系列的振兴制造业的计划,但是收效甚微。轮到特朗普总统,力度就更大了,他这个大力度的表现形式就是贸易摩擦。他还有一个表现形式就是退群。他的第三个表现形式则是减税。

而为什么这三种方式可以帮助特朗普政府振兴美国制造业呢?

且听下回分解!

第54章
不摆工艺品,不一定没文化

作者按:

本文写作和在网络发布的时间为2018年11月。

上一章说到,美国计划通过加征关税、退群、减税三个方式来解决制造业衰落的问题。

为什么他们指望这三个方法来解决这个问题呢?

首先说加征关税。同样是生产钢铁,中国的钢铁或者加拿大的钢铁运到美国要多收点税,于是成本就增加了,在美国就不好卖了,而这一举措让美国自己生产的钢铁更好卖,如果按照这个思路执行,发展顺利的话,美国的钢铁行业是能重新崛起的。

具体一点说,原来你的商品在运到美国口岸之前的成本是10元,到了美国口岸再加1元关税,你的商品在美国市场上总成本就是11元,而美国人自己的同类商品的成本是12元,于是你的成本比美国人自己商品的成本要便宜 1 元，这样你的商品才好卖。如果现在美国人把关税从 1 元涨成 3 元，于是你的总成本就变成了 13 元，而美国人自己的商品的成本是 12 元，此时他的成本就比你的成本低，所以他的商品就好卖了。

其次说说"退群"。美国最近一年多退了很多群，特朗普政府一上场就退出了 TPP，退出了联合国教科文组织，又退出了伊朗核协议、巴黎协定，还有万国邮政联盟，然后现在又在扬言要退出 WTO。盘点美国退出的国际组织，联合国教科文组织和伊朗核协议与经济的关联度不直接，因此略过不提。至于美国退出的 TPP，其本身就是一个尚在酝酿当中的协议，也略过，本章接下来将重点拆解美国为何退出巴黎协定和 WTO。

而巴黎协定，又是什么组织？

巴黎协定是 2015 年 12 月 12 日在巴黎召开的气候变化大会上通过的。它的主题是关注气候变化，而气候变化的主题就是全球平均气温的上升。巴黎协定制定的目标就是要在 21 世纪把全球平均气温上升幅度控制在 2℃ 以内。

怎样控制气温上升？

了解气候和环保问题的朋友可能熟悉，减少污染即可。

减少污染是有量化指标的：碳排放的数量要减少。

所以，巴黎协定落实下来，主题其实就是全世界各国都要千方百计降低碳排放量。在具体的制度安排上，还有一个很有意思的现象，那就是各国的碳排放量指标可以买卖。在会上，依据各种各样的原则和逻辑，对全世界各国的碳排放量的指标进行了分配，大致规定了中国可以排多少，美国可以排多少，欧盟可以排多少。

假设中国自己的指标用完了，但是由于经济发展的需要，还想多排放一点，怎么办？出钱！向欧盟或者美国人买点指标！

这种制度安排真是精妙绝伦，也特别有意思，连碳排放指标这玩意儿都可以买卖，这个世界上聪明的人真的太多了！

扯了这么远，这跟美国制造业的振兴有什么关系呢？

请不要忘了，碳排放量比较高的都是中低端的制造业，而高端制造业如生产芯片，或者第三产业如金融业，比方说你玩个股票，美元加个息，那是不排放碳的，也是不造成大气污染的。如果你一天到晚就是编个电脑程序天天卖钱，那你肯定不会排放碳，最多也就是工作人员在椅子上放个屁排一点碳，这点微不足道的碳排放，与中低端制造业高耸的烟囱排放的量简直不可同日而语。

站在金字塔顶端的美国、欧盟等国在碳排放问题上，有先天优势。

应该说，中国加入巴黎协定是下了很大决心的，也是知道自己面临着极大的困难，但为了蓝天白云和绿水青山，我们拼了。

而美国、欧盟、日本等国家，由于他们在高端制造业所占比重很大，它们加入这个协定的困难和难度就要小一些。当年其他参会国总说中国减排不积极，其实这种不积极的背后是巨大的困难。

但毕竟，减少碳排放是关乎子孙后代，关乎绿水青山能否长久存在的问题，中国一咬牙一跺脚签署了巴黎协定，当然签订协议的时候，我们也得到了一定的优惠政策——中国是以发展中国家的身份签订的协议。

说到这里不少朋友们可能已经明白为什么特朗普要退出巴黎协定这个群。给美国分指标的时候，是按照他目前的产业结构进行分配的，美国领取的碳排放指标就是不允许他大力发展中低端制造业的。

再次强调：低端制造业，如钢铁的高炉排放的碳是非常多的；而高端制造业和第三产业排放的碳是比较少的。

一旦美国想重振制造业，重点就是要把中低端制造业再往大处搞一搞，所以它就需要更多的碳排放指标。本来如果指标不够用是可以买的，但是那需要花钱，更何况即使愿意花钱买也未必有人卖，所以对美国来说最简单的办法就是不跟你们玩儿了。

不玩儿了多自由——想排放多少就排放多少！什么破协定？完全拴不住

我的手脚！

一般来说美国人、欧洲人都喜欢玩一些"高大上"的东西，而我们总是认为自己上不了档次。很多时候，我们把原因归结到文化和政治层面，就觉得别人的文化先进，政治先进。其实不尽然，很多"高大上"的东西和经济发展阶段有密切的联系。经济上去了，自然就能玩"高大上"的东西，在经济还处于很低端的阶段很难玩得转。就好比一户人家很穷，屋子里面可能就很少摆工艺品，而你也不能就因为他家里工艺品摆得少，说他没文化。

投资者经常会对特朗普政府退出各种国际协定表示不解，甚至认为是不是他的思路出了什么问题

其实美国政府是非常清醒的，它退出每一个群都是深思熟虑的，都是有它背后的特定逻辑的，而这个逻辑首先是经济逻辑。

本章主要拆解了美国为何要退出减低碳排放的巴黎协定，下一章将会继续拆解特朗普政府扬言要退出的另一个机构WTO，以及美国总是"退群"的原因。

第55章
你们家，是你老婆管钱吗？

作者按：

本文写作和在网络发布的时间为2018年11月。

美国希望通过退群这条路来解决制造业衰落的问题，其中重要的群有两个，一个是巴黎协定，一个是WTO。巴黎协定在上一章已经阐述过，接下

来来说说 WTO，说说为什么美国非看 WTO 不顺眼了。

WTO 的主题思想是自由贸易，自由贸易的主题是关税越少越好，非关税的其他壁垒障碍也越少越好。而美国作为发达国家，在这方面承担的义务也就相对多一些。

但是美国的中低端制造业已经不行了，它必须遏制外国的中低端制造业的商品进入美国市场，以便美国自己本土的中低端制造业能够振兴起来，所以必须提高关税。

然而问题来了：提高关税，不管美国找什么理由，细究起来都是不符合 WTO 规则的，是经不起 WTO 的审查的，这麻烦不麻烦？这也是近年来美国一个劲儿地在 WTO 的上诉争端解决机制当中败诉的主要原因。美国方面的 232 条款、201 条款、301 条款等，明眼人一看都知道，那是不符合 WTO 的基本原则和规则的。

232 条款依据的是 1962 年《贸易扩展法案》，理由是"是否危害美国国家安全"。但是它对国家安全的定义非常模糊，大体可以理解成只要对美国不利就危害了国家安全，所以随意性非常大。

201 条款是指 1974 年《贸易法》，依据的理由是是否对美国国内产业造成损害。而对于什么是损害，也没怎么说清楚。在国际贸易竞争中，我的产品质量和价格都比你有优势，我的东西好卖，你的东西卖不出去了，这算不算损害？如果这样算损害的话，那还怎么做生意？进一步地：损害该如何定义？随意性依旧比较大。

301 条款，依据的也是 1974 年《贸易法》，理由更加牵强，是所谓的"不公平"。从截至目前美国的操作来看，美国所谓的"公平"，指的是在每个具体行业甚至每个具体产品上的关税水平和市场准入要求上的完全一致，而 WTO 的原则是指你在这个问题上给我让点利，然后我在那个问题上给你让点利，总体上实现公平即可。因此美国人要求的公平，也不符合 WTO 的原则。

另外，美国所说的不公平，没考虑 WTO 的另一个重要原则"在某些方面给予发展中国家更优惠的待遇"。这是什么意思？也就是说，如果发达国家的总体关税水平是 5%，发展中国家的关税水平总体上可以达到 10%，允许发展中国家的关税水平高一些。我国现在虽然经济总量较大，但是平均发展水平仍然低，所以还是发展中国家。这是无可辩驳的事实，也是 WTO 认可的。可是美国却认为：天哪，中国经济总量都第二了，还发展中国家，中国经济总量都是美国的 2/3 了，美国按发达国家算账，中国按发展中国家算账，美国吃亏了。

总而言之：美国这些歪心思都不符合 WTO 的规则。

如果诸位还是很难理解以上讲解，那我再举一个简单些的逻辑。

美国提出的三点调查的共同点十分"有趣"——依据的都是美国国内的法律，美国的法律可以管全世界吗？如果每个国家都用自己国内的法律去管全世界，每个国家又都有自己独特的一套法律，那不就乱套了吗？这个道理实在是太简单了！你们家的规矩是女人管钱，难道非得我们家也必须是女人管钱吗？我们男人就不能管钱吗？男人管钱就不能在你那里买东西或者卖东西吗？这叫什么事儿？

很明显，美国的搞法实在是有点扯。目前喜欢用自己国内法律管全世界的，也只有美国一家，大家都不这么干，也没那个实力！大家应该都熟悉一个词，叫"长臂管辖"，就是指这件事。

更要命的是，它要想惩罚哪个国家或者哪件事情，就赶紧专门制定一个法律。反正那是美国的法律，它想怎么制定就怎么制定，也不需要跟其他国家商量。但是它制定出新的法律之后，依据这个法律就开始制裁我。定规矩的时候不跟我商量，你定出来的规矩却要管我，你说这公平吗？

那你说这事还是个事儿吗？如果大家都这么弄，其结果一定是：大家都没法玩儿。

所以，WTO的基本原则就是，必须依据成员国共同认可的WTO原则办事。

更有意思的是，WTO有一个争端解决机制。相当于有一个法院来判定各个国家之间扯皮的事。正常情况下，这个机构有7名法官，这几年随着一些法官的任期到期，如今只剩下4名法官了。WTO规定，原来的法官任期到期之后要启动机制来选拔新的法官。否则，法官一天天减少，到有一天没有法官判案了，那扯皮的事儿谁管呢？

具体地说，WTO规定，要判定一件事情是否符合WTO原则，至少要3名法官。也就是说，这个法院至少要有3名法官。事实上解决机制内一般至少保持4~5名法官在任，具体原因与内容无关，在此不赘。

总而言之，对WTO内的争端解决机制来说，法官很重要，而且这个所谓的法官机制，是WTO相对于它的前身——关贸总协定最有意义的一个制度创新，全世界都认为这是一个巨大进步。

而美国这几年在干什么？它总是以各种理由拒绝法官的重新选拔，阻挠法官选拔机制的开启，专业说法是"开启上诉机构法官甄选程序"。

这样一来，再等一年多，到2019年年底，两个法官退休，世界贸易组织上诉机构的法官就只有两个了，两个法官无法形成有投票时的有效多数，因而无法判案。

通俗一点说：WTO的这个上诉机构，姑且把它称为法院，很有可能由于法官不够而停摆。有意思不？美国为什么要这样做？因为法官判案子肯定要依据WTO的规则，而不是依据美国的国内法律。如此一来，就有可能会导致美国败诉，而美国也看到了这一点。

反过来说：美国也看到了它在上诉机构，也就是在WTO的法院里，有可能败诉。这件事情本身也说明它很多做法确实不符合WTO规则。如果普通大众无法判定在某一件事情上到底是美国有理还是别的国家有理，从美国不想让 WTO 的法院判案子这件事情当中反过来推理一下即可：如果某国的做法都符合 WTO 的规则，在合理的审判机制下，这些法官自然就会支持它，那它还为什么要阻挠法官选拔？

说来说去，WTO 是重振美国制造业的一个巨大障碍。

所以 WTO 这个群，美国也想退。

"退群"这件事就说这么多。

下一章的主要内容是：为什么美国想通过减税来实现制造业的复兴。

第 56 章
敲黑板！赚钱少的生意也要做

作者按：

本文写作和在网络发布的时间为 2018 年 11 月。

在前面几章，本书陆续说到：美国希望通过加征关税、退群和减税来解决制造业的衰落问题，接下来本章将为诸位拆解美国解决制造业衰落问题的第三招，减税。

减税的内容很多，可能朋友们在关注减税这件事情的时候，头有点儿大。

其实对于减税这件事情，理解起来也很简单。

减税，就是向企业和个人少收税。交的税少了，企业的负担就少了。原来赚 1 元要交 0.5 元的税，留给自己的利润只有 0.5 元。现在 0.5 元的税降成 0.2 元，于是企业每挣 1 元，只需要交 0.2 元的税，留给自己的利润就是 0.8 元了，就这么简单。

至于具体是什么税种，如果诸位有兴趣可以深究一下，没兴趣可以略过。大体上，对企业来说，主要的税种是企业所得税；对于个人来说，主要是遗产税和所得税。

另外，减税的方式大体上也有两点。第一点就是在美国国内的企业少交点税；第二点就是美国的企业在别的国家投资，如果它让利润回到美国，原来可能也要收点税，现在它说如果你只要在原来的国家交了税，再回美国的时候就不交税了，总而言之就是比原来收的税少了。

因此对减税的理解可以不必过于复杂，减税，大多就是字面意思：减少税收。

毫无疑问，减税的好处是减轻企业负担。本土企业的负担轻了，就更容易在美国市场上赚钱了，于是美国制造业企业的日子也就好过了。有一些本来在世界其他国家投资建厂的企业可能就会回到美国本土来投资建厂——企业在美国投资建厂比原来更赚钱。逻辑就是这么简单。

美国、中国以及全世界，在很长一段时间内对于制造业的认识仅限于制造业利润率的高低。

毫无疑问，中低端制造业的利润率是比较低的。所以，美国有意无意地放弃了中低端制造业，而中国在进行产业结构升级的时候，也在大声呼喊要向中高端制造转移。

这个认识其内在逻辑依然顺畅，所以不能说是错误的。但问题是，事情不能走极端。一个产业结构的格局不能全部地、过度地依赖中低端制造业，与此同时也不能直接放弃中低端制造业。

其实行文至此，很有必要和诸君说一说"赚钱的辩证法"。

一般来说，赚钱多的生意和赚钱少的生意相比，肯定要选择赚钱多的生意。赚钱的生意和不赚钱的生意相比，肯定要选择赚钱的生意。

不过事情也不是绝对的。

美国在做战略选择的时候，高科技是赚钱多的生意，它选择了这个，没毛病。

可是中低端制造这样赚钱少的生意，它放弃了，却是一个错误。

在这一点上，中国古人的智慧让我深感震惊。在公元前7世纪，中国的一位名人在这方面就留下了一部精妙杰作。

这个人就是管子，管就是管理的管，子就是孩子的子。管是这个人的姓，子是对这个人的尊称，就好比我们通常说老子、孔子、孙子、韩非子等。翻译成现代的语言，管子就是一个姓管的、很牛的人，一个很受人尊敬的人。他就是春秋时期齐国的相国管仲——相国，是宰相、丞相的意思。

管子的生活年代是公元前600多年。那个时候美国在干什么？对不起，不知道，因为找不到任何文字记载来发现美国人那个时候在干什么。严格地说，那个时候还没有美国，美国建国是在18世纪的1776年，比管子生活的年代要晚了大约2400年。

管子生活的年代，欧洲人在干什么？根据史料记载，那个时候希腊的城邦已经比较有名了，希腊的第一批石头神庙，大约就是在那个时期建成的，但是那也并不是欧洲文化中非常值得炫耀的事情。

因为欧洲人的杰出代表是亚里士多德、苏格拉底、柏拉图等人，很遗憾，那个时候这些"牛人"都还没有出生。

那个时候印度人在干什么？对不起，也不牛，印度最杰出的思想家是释迦牟尼，那个时候也还没有出生。

顺便说一下，那个时候中国的老子、孔子，总之"百家争鸣"的百家，都在干什么？很遗憾，也都还没有出生。

总之在世界历史上，那个时期的"牛人"很少。

在那个年代，管子都做了些什么？

第57章
中国 2700 年前的经济智慧

作者按：

本文写作和在网络发布的时间为 2018 年 11 月。

公元前 7 世纪，中国有一个牛人叫管子，在经济方面是一个奇才。

那个时候管子在齐国当相国，想征服南方的楚国——当时的楚国非常强大。由于是块硬骨头，有很多武将都想建功，都主动请缨希望带兵去攻打，但是相国管子摇了摇头。

管子派谁去攻打楚国？他派了 100 名商人。

呵呵，派商人去打仗，是不是很奇葩？

而这 100 名商人去楚国怎么打仗？也很奇葩——去买鹿。严格地说，这些商人也不知道管子葫芦里装的什么药。这个鹿，就是我们现在所说的梅花鹿。这种动物在当时非常稀缺，只能野生，没有家养。那个时代生活水平比较低，人们虽然知道这玩意儿是个好东西，但是真正经常用它的人不多，所以价格也不贵，大约是两个钱币一头鹿，为了方便叙述，诸君可以理解成两块钱一只。

这 100 个商人到楚国去买鹿，是怎么买的？首先把价格提升到 3 块钱，然后是 4 块钱、5 块钱，逐步上涨。

楚国的国君楚成王和楚国大臣以及楚国全国的老百姓听说了这件事情，都非常高兴。大家都在想，天啦！没想到我们家这个宝贝儿这么值钱！没想到啊！这玩意儿深藏不露啊！好了，现在知道了，好办！举国上下，全民出动，纷纷上山捉鹿卖给齐国的这些商人。当然，由于有利可图，齐国很多商人也参与倒卖和炒作，于是，鹿的价格一路走高。后来这些商人竟然把鹿的价格提高到40块钱，大约跟1000斤粮食的价格相同。于是大家的热情更加不可遏制，身强力壮的基本上山去捉鹿了，身子骨弱的，也在围绕捉鹿产业做好服务和保障工作去了。

大家都去捉鹿去了，农活谁干？回答是：没人干。

楚国人的想法是，鹿这么值钱，捉鹿这么挣钱，我还种庄稼干什么？我挣了钱还怕买不到粮食吗？

当时楚国举国捉鹿到了一种什么境地呢？连楚国的军人也都停止了训练，陆续将兵器换成打猎的工具，偷偷上山去捉鹿。军人本来是捉人的，现在改成捉鹿，自然技高一筹。

这股"捉鹿热"最终结果如何？鹿也捉得差不多了，山上估计也没什么鹿了，鹿的价格也已经涨成天价，楚国人也挣了很多钱。形势一派大好，楚国歌舞升平，富甲天下。

在那种情况下，谁家要是在山上捉到了一头鹿，大体相当于现在抢了一个天大的红包。总之那时国人全民出动，上山捉鹿，群情振奋，收获颇丰。

不过还是有点小小遗憾：没多少人种粮食。

当然应该也不要紧：有钱还怕买不到粮食吗？

过了几年，楚国大旱，粮食就更少了，不过楚国人不怕，拿着钱去买粮食。

这时候管子又制定了一个规矩：不卖给楚国粮食。当时齐国已经征服了很多国家，管子不仅禁止本国卖给楚国粮食，还要求臣服于齐国的其他国家，也不卖给楚国粮食。

与此同时，管子集合了八路诸侯军，浩浩荡荡开到楚国边境，准备开打。

楚国的国君楚成王一看，傻了！这怎么办才好？连粮食都没得吃，还打什么仗？怎么办？很好办，四个字：举手投降。

于是管子不费一兵一卒，不动一刀一枪，不杀一人，就制服了非常强大的楚国。

故事讲完了。

我需要顿一顿。

这个故事太恐怖了。

这是我所知道的世界历史上最早的贸易战，用贸易打败了一个国家，而且是一个强国。

所以我在自己的音频节目中数次提到，中国人的经济头脑绝对不亚于世界上任何一个国家。

接下来再从头，从经济学的角度分析一下这个故事。

当时的经济理论还没有把产业分成什么第一产业、第二产业、第三产业，也没有什么中低端制造业，也没有什么高科技之类的说法。

但是如果用现在的眼光来看这件事情，种田收获粮食，就是一个比较低端的产业，而捉鹿卖鹿则是一个比较高端的产业——甚至当价格已经高得不着边际的时候，鹿其实已经成为一种资产，带有金融的含义了，就像诸位如今购买商品房。

管子的策略其实就是炒高楚国资产价格，让楚国上下全部关注高端产业、忽略低端产业。一旦遇上战争，没有低端产业支撑的国家是不堪一击的。

管子如此行事不止这一次，这位做出的类似事情不是一件，而是三件，另外两件正是我下一章要展开的内容。

第 58 章
狐狸和丝绸，胜过刀枪

作者按：

本文写作和在网络发布的时间为 2018 年 11 月。

管子在 2700 年前就用贸易战的方式灭掉了一个国家。

用"管子贩鹿"的故事来理解美国中低端制造业的衰落，也确实很有启发。如果美国早些知道管子，也许当年会采取不同的策略。

中国当前也正处于产业由低端向高端转移的关键时期在重视发展高端制造业的同时，千万要记住管子的故事，不要过分放弃中低端制造。

在这一点上，中国其实相当清醒。国家反复强调，中国人的饭碗必须端在自己手里就是非常典型的例子：粮食必须保证自我供给，必须守住 18 亿亩耕地的红线。不管本国互联网多么发达，也不管相关产业的程序编写有多么欣欣向荣，更不管本国电脑芯片多么高端，农业永远不能放弃。

这样的例子还很多，如牛肉问题、大豆问题等，就不展开了。

由此类推，中低端制造也不可轻易放弃，应该保持一个合理的比例。

类似的谋略管子总共干了三次，都成功了，借此机会把剩余的两个都拆解一下。

管子用这种办法降伏了楚国，还用类似的办法降伏了鲁国和梁国。

大体情况是，鲁国和梁国盛产丝绸。用丝绸做成的衣服当时被称为"绨"，就是绞丝旁右边一个兄弟的弟。管子说服了当时齐国国君齐桓公，号令大臣们及举国上下尽量开始穿这种用绨制作的衣服，导致鲁国和梁国的绨的价格大涨。于是，这两个国家的老百姓都去生产丝绸而放弃了农业生产，于是……于是后面的情节就和"捉鹿"是一样的了。

管子还用这种办法降伏了代国。代国盛产狐狸，于是齐国就大量收购狐狸的皮。于是……于是后面的情节也大同小异，最后代国被打败了。

以上分别是历史上很有名的买鹿制楚、服帛降鲁梁、买狐降代三个。有兴趣的朋友可以自行搜索、深入阅读。

我拆解管子故事的目的有二，一是希望通过这些故事使诸位更好地理解基础产业、中低端制造业的重要性；二是想提醒朋友们，中国的经济智慧绝对不亚于外国。从某种意义上应该说，我们还是他们的师傅。

不过我并非专业历史作者，本文也并非专业历史文章，因此下文将回归主线，继续聚焦中美贸易战。

前文罗列和拆解了中低端制造业的重要性，似乎亦能说明美国谋求振兴自身制造业的合理性。与此同时，进行这些罗列与拆解也更便于理解现在美国为什么会出现这么多匪夷所思的行为。

但美国选择的道路就一定正确吗？

第59章
乒乓球，用脚踢，可以吗？

作者按：
本文写作和在网络发布的时间为 2018 年 11 月。

上一章我站在美国的角度分析了其解决中低端制造衰落的合理性，并在此基础上推理出了美国由此出现的一些貌似匪夷所思实则合乎逻辑之行为的来源。

然而，美国选择的解决方法正确吗？

解决任何问题，都要分析其背后的逻辑基础以及内部和外部条件。

造成美国制造业衰落的逻辑基础是什么？是美元在世界货币体系当中的特殊地位，也就是通常所说的"美元霸权"。"二战"以后，美国的战略甚至可称为美元立国、金融立国，而制造业衰落是这种国家战略的副产品。

不解决美元霸权问题转而从其他方面想办法，是很难从根本上解决问题的。

比如，有人每天深夜开始干活导致了健康问题，不把熬夜习惯改掉反而一个劲儿吃保健品，有用吗？再或者，由于睡眠不足导致白天精神不好、脾气暴躁，却一个劲儿地怨恨周围的人对自己照顾不周、言语不恭，自然也是不能解决问题的。

言归正传，下面来看美国解决制造业问题的内部条件。美国现在的基本思路也就是跟各个国家打架和退群。是美国真的不需要这些群、这些国家吗？完全不是。

事实上，虽然美国的制造业衰落了，贸易有逆差，这么多美国年依然是从这些群和国家中获益最大的一方。以就业为例，按美国自己的统计，2015年美国从中美双方的进出口和双向投资中获得了260万个就业岗位。在GDP增长方面，依旧按美国自己的统计，也是2015年，美国从中美进出口贸易中提振了GDP0.8个百分点。这对于一个GDP增长长期在2%左右的国家来讲，是一个很不错的数据。

美国为了解决贸易逆差问题和制造业衰落的问题，把全世界的国家都得罪了，这些好处他就都不要了吗？不说得罪全世界，就把中国给得罪了，这些好处他就都不要了吗？

就外部环境而言，目前的世界经济发展是建立在以 WTO 为主体的，由美国一手创立的一系列的世界经济规则上面。这句话比较长，通俗一点说就是，"二战"以后几十年已经形成了一套各国都非常认可的游戏规则，这套规则是否合理，如果站在宏观的、历史的角度看，并非绝对合理，但确实是目前各国都能接受的贸易体系和规则。与此同时，每个国家自己的规则也都和国际规则密切呼应。如果美国不想这么干了，其他国家能否同意？

以目前的形势判断，小的改革各国协商谈判达成妥协，做一些各国都认可的小调整是完全没有问题的，世界各国也都乐见其成，彻底推倒重来的难度则是非常大的。

打个比方，打乒乓球中国很厉害，全世界都很头疼，于是大家商量着要进行一些改革。改革是可以的，比方说要求中国发球的时候要抛多高、发球的时候要给别人看见你是怎么发的球，还有小球换大球等变动，这都可以调整。

但是，乒乓球本来是用手打的，现在必须换成用脚踢，因为中国人脚上功夫差远了。而且不管别人同不同意，总而言之接下来就必须照此办理，如果大家不按你说的办，你就不玩了，那结果会如何？

第 60 章
自相矛盾的玩法，看不懂

作者按：

本文写作和在网络发布的时间为 2018 年 11 月。

上一章以乒乓球为例，对美国目前与世界各国发生贸易摩擦所采取策略的特征进行了简单说明。美国的颠覆式做法、丝毫不与其他国家商量,最终会取得何种结果?

以WTO为例,WTO并非动不得,也并非不能按照美国的意思去改革,只是在改革之前世界各国要进行协商。如前文所述的——WTO的上诉机构也就是WTO法院的改革,各国都不同意而美国却执意多次进入"法官甄选程序",如此折腾,结果会好吗?

更为重要的是,目前美国对很多国际贸易规则的企求,不是小打小闹的改革,而是颠覆式地推倒重来。这对于世界各国的冲击都是巨大的,不亚于一场经济地震。

即使完全站在美国的立场上,其目前的战略选择也是有很大问题的。

如果说当前美国所面临的很多问题皆来源于其自"二战"以来所确立的国家战略,在它大幅受益的同时,也带来了一些小小的副作用的话,不亚于说目前美国的现状其实是其"二战"以来的战略失败导致的;基于此,美国在解决这类问题的时候,就很有可能再犯一次战略性错误。

我个人从不小看长期以来美国的战略设计能力,美国在一两百年之内迅速成为世界强国,与两次世界大战当中正确的选择和决策分不开,它们使美国迅速崛起。

但是两次世界大战之后,尤其是进入新世纪以来,美国的战略设计能力貌似大大降低了。

现在全世界的主流观点是:进入新世纪以来,美国连续进行了几场战争,让中国赢得了重要的战略发展机遇,关于这一点美国自身也是承认的。站在美国的角度,这是战略失误。

现在美国人要解决贸易逆差问题、制造业衰落问题,选择了跟世界各国,尤其是跟中国大打贸易战,是否也是一次新的战略失误呢?

这种评论是站在美国人的立场上。

现在转换角度，站在中国人的立场上，美国的做法毫无疑问会极大地损害中国的利益，中国也不会同意。当然具体怎么应对，需要好好研究也需要战略眼光，更需要战术技巧。

到这里终于把美国的制造业的衰落这个问题说得比较全面了，而至于是否详细则不敢妄言。在讲述美国制造业衰落的问题的时候，对其他因素多有牵扯，而解读这些问题使我弄懂了美国最近一两年匪夷所思行为的逻辑。

但有一个疑问始终无法解决：为什么美国在对内给企业减税、对舶来品加征关税，力图振兴制造业的大政策背景下还要加息？

对本国企业减税和对舶来品加征关税，都是为了让美国制造企业的日子更好过，从而促进美国制造业的发展。

这一动作的逻辑在本书第 56 章中拆解过，简单而言，企业原本每产生 1 元钱的利润就要上缴元税，净利润是 0.5 元。现在政府少征税，每产生 1 元的上缴金额由 0.5 元降到 0.2 元，企业净利润是 0.8 元，在原来的 0.5 元的基础上增加了 0.3 元。

对舶来品加征关税，也是有利于美国企业发展的。比如，美国企业和中国企业都在生产某种同样的商品，美国企业的生产成本是 1 美元，中国企业的生产成本是 0.8 美元，加上在美国口岸要交 0.2 美元的关税之后，中资企业的商品进入美国市场之前的综合成本也是 1 美元。两个企业生产的同一种商品，在美国市场上的价格竞争力就是相同的。

这个时候，如果美国宣布把关税从 0.2 美元提高到 0.4 美元，也就是比原来提高了 0.2 美元，就意味着中国企业生产的商品在进入美国市场之前总成本比原来的 1 美元增加了 0.2 美元，变成了 1.2 美元。

这样一来，相同的商品，美国企业生产出来的商品综合成本是 1 美元，中国企业生产的商品在经历了美国加征关税之后的综合成本是 1.2 美元。如果商品的其他特征相同，在美国市场上，美国人肯定首选美国的商品，因为它便宜 0.2 美元。这样美国企业生产的商品竞争力就提升了，美国企业的日子也就好过了。

总而言之：对美国本土的企业减税和对进入美国的外国商品加征关税，都是为了让美国企业的日子更好过，从而振兴美国的制造业，尤其是中低端制造业。

而加息会导致什么结果？

第61章
加息，一声叹息！

作者按：
本文写作和在网络发布的时间为 2018 年 11 月。

上一章说到美国对本土企业减税，对来自外国的进口商品加税，是有利于其本土制造业发展的，与此同时美国还在加息，这是非常不利于美国制造业的振兴的。

加息为什么不利于制造业的振兴和发展？

如果说减税是为了减轻企业的负担、促进企业的发展，那加息就是增加企业的负担，从而遏制、限制企业的发展。

顾名思义，加息的含义就是增加利息。

绝大多数企业都在银行借了很多钱，个别企业的借款简直可以用"巨额"形容。至于企业负债的具体金额，则在企业财务报表上记载得清清楚楚，这份报表和企业自有资产的综合统计概率（总负债除以总资产后乘以100%），就叫资产负债率。

所谓资产负债率，其实就是盘点企业的总资产里面有多少钱是借来的。比如一个总资产是1000万元的企业，如果它的资产负债率是80%，那么就意味着在这1000万元总资产里面有800万元是借来的。

另外80%是个非常高的数字了，但实际上资产负债率在80%左右或者以上的企业占比还是非常多的。

假定企业借款的利率是3%，在企业有800万元的借款的时候，一年要支付24万元利息。计算方法就是800万元乘3%。

假定一个企业忙活了一年挣了30万元。

如果把这30万元还了银行利息，净利润就只有6万元了：银行利息是24万元，30万元减24万元等于6万元。虽然净收益不高，但好歹保住了企业，还可以生存、运转下去。

其余条件不变，假定利率提高到4%，企业一年要还的利息就是32万元，计算方法是800万元乘4%。

结果很容易计算：30万元减去32万元等于-2万元，也就意味着这个企业这一年要亏本2万元。企业处于亏本的状态，一两年还可以，时间长了可能就要倒闭破产。

因此加息就是增加企业的负担，负担增加了，企业的发展就受到严重的限制。

而减税，就是减轻企业的负担。当减税正在如火如荼时，加息无疑就是一瓢冷水。

面对加息，正在推行减税的人是什么感觉呢？恐怕也只能是一声叹息了！

然而，加息这瓢冷水，给企业带来的困难远不止这一点，加息会令企业融资更加困难。

由于利率增加了，手上有闲钱的人就会开始对比银行利率和其他的投资方式的收益。毫无疑问，银行利率越高，人们就越愿意把钱存进银行。

假定一个企业在发展的过程当中缺钱，那么它首先可以向银行贷款，当然除了这条路还可以想别的办法：一种是发行债券，另一种则是找合伙人，让别人入股自己的企业。

如果是发行债券，企业就必须明确它的债券利率。

假定企业债券的利率是 3%。如果银行的利率也是 3%，投资者还有可能会适当考虑是否买企业债券。如果银行的利率提高到 4%，而企业的债券利率依旧只有 3%，投资者基本就不会考虑购买这个企业的债券了。

因此银行利率提高，对于企业通过债券融资的影响是负面的。

既不能在银行借到钱，也不能通过发行债券借到钱的情况下，企业还有一条路：去找一个合伙人。比方说企业现在需要资金 500 万元，发现你手上有 500 万元闲钱，企业负责人可能会找到你说：我现在企业的发展很好，但是遇到了资金困难，你手上的钱闲着也是闲着，不如你把钱投到我的企业，我们合伙做生意，你当股东将来可能会挣很多钱，你有兴趣吗？

这个时候你可能会说：嗯，你这个想法不错，让我考虑考虑。

等你回到家静下心来认真考虑考虑的时候，你会考虑什么呢？

第 62 章
秦始皇，是谁的儿子？

作者按：
本文写作和在网络发布的时间为 2018 年 11 月。

本书在上一章结尾提出假设：如果你手上有钱，而你的朋友正在做企业又刚好缺钱，于是想请你入伙，希望你拿钱做他企业的股东。你说要考虑考虑，回到家，你会怎么想呢？你肯定会想：把钱投到这个企业，将来会赚多少钱？你肯定会将这个数字和银行的利率做对比。

毫无疑问，在其他情况相同的时候，银行利率越低，你越有可能选择把钱投到企业当股东。

反之，银行利率越高，你就越有可能把钱存进银行，不去投资企业做股东。

所以说，银行利率越高，越不利于企业在社会上用各种方式找钱。

加息，不利于企业找钱表现在诸多方面，接下来再举一例。

银行加息会影响股票价格的波动。银行利率提高了之后把钱存在银行，可以获得比原来更高的收益，因此那些本来准备拿这钱去买股票的人，可能就会产生新的犹豫：我是把钱存在银行呢，还是拿着钱去买股票呢？即使面临的情况相同，每个人的决策也可能不太一样。但毫无疑问，银行利率提高了之后就会有更多的人拿着钱存银行，相对地，拿着钱去买股票的人就会减少。这里的"相对"指的是在银行加息前两种投资行为对应的人数。

同时需要特别说明的一点是，股票价格的波动还受很多因素影响，并不止银行利率这一个因素。就银行利率这一个因素来说，加息是不利于股票价格上涨的，但是这并不意味着一旦加息股票价格就会下跌，股价的最终走向是各种因素综合作用的结果。第29章前后对这一现象有详细拆借，有兴趣的朋友可以回过头去看看。

总之单就银行利率这一个因素来说，银行加息是市场上股票价格下跌的一个动力。

那么，加息是如何影响企业在社会上找钱的？

企业在社会上找钱，有一个很主要的渠道就是向银行申请贷款，贷款是需要担保物的，比方说你可能会把房子或者企业的机器设备担保给银行，银行才会借给你钱，其中有一个非常重要而又非常特殊的担保物：企业的股权。

比方说，a 公司需要向银行借钱，而同时 a 公司又是 b 公司的股东，持有 b 公司 10% 的股份。如果 b 公司的总股本是 10 亿股，那么 a 公司就持有 b 公司 1 亿股股份。如果现在股票的价格是 10 元，那么 a 公司持有 b 公司的股票的市值就是 10 亿元。

在这种情况下，如果 a 公司想向银行借钱又找不到其他的担保物，或者其他的担保物都不太理想的时候，它就可以向银行提出，以自己拥有的 b 公司 1 亿股、市值 10 亿元的股份做担保，向银行借钱。这种形式就是质押。请注意，质押和抵押有一个字的区别。

那么质押和抵押一字之差，背后的含义有什么区别呢？

我看来，两者背后的含义并没有什么本质的区别，反正都是做担保。担保的意思就是，如果还不了钱这个担保物就是别人的了。当然具体金额还是要具体算账。不能说我欠你 1 万元，我抵押了一台车，这台车值 10 万元，结果我这一万块钱不还你，我这 10 万元的车就全部归你了。正确的做法是你把车卖了，比如说卖了 10 万元，你把我欠你的 1 万元扣了，剩下的钱，你还是要还给我。

但这是从本质含义上讲。从形式上讲，抵押和质押还是有区别的。

所谓抵押，就是我把东西抵给你，这东西还在我手上，除非将来我还不了钱了，你才能够依照一定的程序，把这个担保物拿走。

质押就不一样了，质押的东西不在我手上了，开始由你保管，这样你可能心里更放心。当然保管归保管，并不意味着你随时都可以处置它，只要在规定的期限内我还了你的钱，你还是要把质押的东西还给我。至于这一段时间的保管，就算是你义务服务了。

从字面上来讲，质押的"质"字其实和人质的意思很相近。春秋战国时期，国与国之间的交往，经常拿王子做人质。如果两个国家签订条约，彼此承诺我不打你，你也不打我。可是条约签了，谁信呢？好办，我把我的儿子送到你那里当人质，如果我不遵守条约，你可以杀我的儿子，等于我的儿子是你的人质，又称"质子"。

大名鼎鼎的秦始皇，他的父亲，就是被他的爷爷送到赵国去做人质。秦始皇的父亲在赵国当人质期间，赵国的大商人吕不韦把自己的爱妾送给了他。所以关于秦始皇的身世，还有一种说法：吕不韦把自己的爱妾送给秦始皇的父亲的时候，其实爱妾已经有了身孕，后来生下了一个孩子，这个孩子就是秦始皇。如果是这样的话，秦始皇就是吕不韦的儿子。

后来秦始皇当了皇帝，他的妈就成了皇太后，当然，虽然贵为皇太后，也有七情六欲。秦始皇的母亲情人很多，吕不韦算是很重要的一个。吕不韦能跟皇太后偷情，有人说这是因为他们很早的时候就有感情，后来只不过是旧情复燃——这种说法至少从逻辑上是说得通的。

把这个故事放在这里，完全是为了讲秦始皇的身世。秦始皇的身世如此扑朔迷离，又完全在于他的父亲曾经在赵国当人质。不然吕不韦也不会认识秦始皇的父亲，就更没有这个故事了。

从秦始皇的父亲当人质的故事可以发现，所谓"质"，就是要把人或者物送到对方手里，由对方实际控制。

所以，抵押和质押的区别就在于，抵押，东西还在自己手上；质押，东西必须在对方手里。

但不管东西是否被对方控制，总而言之，它就是一个担保物。

言归正传，如果把市值10亿元的股权作为担保品质押给银行，以求得银行贷款，这种情况下，银行会给a公司一个质押率，比方说40%，那就意味着这笔市值10亿元的股权在银行质押的时候只能算4亿元，计算方法是

10 亿元乘 40%。

这样一来，它就可以在银行借到 4 亿元的贷款。

在本章我们说到了一个概念叫"质押率"，在上一段的比方里，质押率是 40%，而股权质押的过程当中还有两个重要概念：预警线和平仓线。这两个概念就是下一章的主要内容。

第 63 章
平仓的背后

作者按：

本文写作和在网络发布的时间为 2018 年 12 月。

在前两章我们谈到，加息不利于企业发展，其表现包括不利于企业通过股权质押来向银行借钱，并由此扯到了秦始皇的身世，接下来，我们继续讲股权质押的另外两个概念：一个是预警线，一个是平仓线。

所谓预警线，是在计算了质押率之后设定的报警的股票价格。在上一章的例子当中，按照 40% 的质押率，实际上就是当股票价格是 10 元的时候，企业向银行请求贷款时，银行是按照每股 4 元的股价来借钱的。

如果预警线是 150%，4 元乘以 150% 等于 6 元，这意味着当股票价格从 10 元跌到 6 元的时候就要开始报警了，报警的意思告诉企业：你的股权质押面临的风险已经非常近了，需要高度警惕。

另外一个概念就是平仓线，比方说平仓线是 130%，4 元乘以 130% 是 5.2 元，也就是说当股票的价格从 10 元跌到 5.2 元的时候，就意味着风险已经真正来临,此时银行可以把你的股权变卖掉。

这就是近年以来,很多企业,尤其是民营企业面临股权质押风险背后的经济逻辑。

当股票价格是 10 元,企业持股为 1 亿股,质押率 40% 的时候,企业可以用股权质押在银行那里借到 4 亿元,10 元乘 1 亿股,再乘 40%。

同理可知,如果股票的价格是 12 元,企业可以从银行借到的金额就是 12 元乘 1 亿股乘 40%,4.8 亿元。

简单地说,在股权质押率相同的情况下,股票价格越高,相同份额的股份做质押,能从银行借到的钱就越多。

反之股票价格越低,质押率相同的情况下,相同数量的股份质押到银行,能从银行借到的钱就越少。

这些动作和加息有什么关系?

加息导致股票价格有下跌的动力和可能,在相同数量股份的情况下,越加息企业在股权质押时能从银行贷到的钱就越少。更重要的是,当股票价格是 10 元、市值是 10 亿元时,企业融资了 4 亿元;而股票价格跌到 5.2 元,企业质押给银行的股票就要被平仓。所谓平仓,就是银行要卖掉企业的股票,收回贷款——这简直是要了企业的命。

因此股票价格下跌,对那些采用股权质押方式融资的企业而言往往意味着风险上升。

而在影响股票价格下跌的诸多因素中,加息是重要成员。

不过,需要再次强调的是:股票价格波动是诸多因素综合作用的结果,作为投资者,一听到加息消息就判断股价会下跌是大忌。只有当加息这个因素得到其他"兄弟"因素的大力配合时,股价才会真正下跌。

但无论如何,以单一因素分析的话,加息的确会导致股票下跌。

但这还不是最要命的。最要命的是,加息对企业发展的负面影响,不仅表现在影响企业找钱上，还影响企业的产品销售。分析这一现象需要极大的耐心，需要条分缕析地慢慢说。

企业生产的产品一般分为两大类，一类是最终的消费品，也就是我们日常生活当中实际使用的这些商品，五花八门、琳琅满目，什么都有。

另一类是中间产品，作为消费者并不实际使用，这类产品一般用于生产最终消费品的某个中间环节。

这样说来有点儿绕，也不太好懂，还是举例更简单明了。

比如钢厂生产出来的钢材，消费者在实际生活当中并不直接使用，这些钢材可能会销售给机械厂生产机械。机械厂生产出来的机械我们这些消费者也不会直接使用，它又卖给服装厂，服装厂用这些机械来加工服装，而这些服装，才是我们最终使用的产品。服装这个我们最终要使用的消费品，专业术语是"生活资料"。

而钢厂生产的钢材，机械厂生产出来的机器，这些都不是最终的消费品，都是中间产品，专业术语叫"生产资料"。

生活资料和生产资料，虽有一字之差，却也存在共性——都得有人买。没人买，企业的生存就成问题。

从支持企业发展的角度看，政府不仅要帮助企业解决在生产过程当中的资金问题，如降低利率、减少税收等；还要帮助解决企业在产品产出之后的销售问题。如何解决这两个问题看起来与政府不搭界，实则大有关系。

比如，其中的一条路就是降低银行利率，也就是降息。

降息为什么能帮助企业打开销路？

第64章
"双十一"是怎样炼成的？

作者按：

本文写作和在网络发布的时间为 2018 年 12 月。

通过上一章的分析可以知道：加息不仅会影响企业融资——也即影响企业"找钱"，还会影响企业的销售，而降息则可以帮助企业扩大销售，本章将进行详细拆解。

那就从生产最终消费品的企业说起，也就是生产生活资料的企业——在上一章的案例中，就是生产服装的服装厂。

如果银行降低了利息，一些人某种程度上会觉得把钱存在银行里划不来，还不如花了。利息降低了，老百姓可能就更愿意花钱消费了，这大概是降息能够扩大企业产品销售的最简单理解。

不过这个理解有个问题：在日常生活中，老百姓其实对利息的高低和自己多买衣服、少买衣服之间的联系没有哪怕一毛钱的感觉——所谓"利息低了，把钱存在银行里也挣不到多少利息，还不如把它给花了"，这话逻辑上说得通，实际上并没有多少效果。当然，要说一点儿效果都没有也说不过去。

那么降低利息究竟是怎样促进企业的销售的？主要问题出现在哪儿？

答案是：降低利息会让消费者手上的钱多起来。

降低利息是如何让钱跑到消费者手上的？难道是银行发钱不成？银行没有发钱，只不过，降低利息会起到发钱的效果，这就是货币政策的精妙之处。

那么这个钱是怎样发到老百姓手里的？

针对这个问题前文已经有所涉及。降低利息，会减轻企业负担，会让企业在资金困难时更容易找到钱，在第61章和第62章讲得比较具体，在此不赘。总之，这种情形意味着企业的生产经营更顺当，企业的日子更好过。

而企业的日子更好过，又意味着什么？意味着企业的生产规模会扩大，企业赚的钱会更多。

那企业生产规模扩大意味着什么？

毫无疑问，生产规模扩大，意味着需要更多人干活。企业需要更多的人干活，就意味着有更多的人能找到工作，意味着原来没工作的人有工作了、原来没钱的人就有钱了。有钱了就会去吃、去穿、去住、去跑着玩。自然而然，就会有更多的人买食品、买衣服、买房子、买车。

还有一个问题：对于那些本来有工作的人，降息可能意味着涨工资。当很多企业都需要更多人干活的时候，干活的人就变得紧俏起来，我们国家曾经出现过的用工荒就是这种情况，而解决用工荒的办法只有一条：给干活的人加钱——涨工资。当然这也包括，从一开始新招录人员时就提高工资标准。

综合以上所述，降息会让一部分原来没工作的人找到工作，他们原来手上没钱，找到工作后就会有钱。对原来就有工作、有工资的人来说，老板大概率会给他们加钱，他们手上的钱会比原来多。

总之一句话：大家的钱多了起来。

钱多了，干什么？两个字：花呗！

怎么花？这可太多了，什么"双十一""双十二"之类的，都是这么整起来的。实在花不完，商家说不定还能整出个"双十三"什么的……

对不起，一年当中只有十二个月，没有十三月十三日，所以，"双十三"是不可能的。不过整个"双八""双九"之类的，完全有可能。我个人认为，下一个购物节，最大可能是"双八"，要得发，不离八，吉利！

有很多人不明白：不知不觉中，怎么就多了一个节日？这个节日没有历史渊源，没有文化故事，没有庄重仪式，没有政治象征，总之，传统意义上的节日含义，它统统不沾边。可我们就是红红火火地把这个节过起来了。

生活就是如此奇妙，但又不那么奇妙，老百姓手上的钱多了起来，商家除了生产商品，还"生产"了一个节日。

"双十一"，就是这样炼成的，"双十二"，也是这样炼成的。

接下来言归正传。以上举例都是为了说明一点：降息最终能促进生活资料的销售。

请诸位回忆一下：生活资料和生产资料有什么区别？而为什么"双十一""双十二"之类，只能促进生活资料的销售？

对普通人来说，即使手上再有钱，如果不做生意，就不会也不需要购买生产资料，买些生活资料足矣。打个比方，如果不做生意，再好的机器设备我们也用不上，我们需要的是衣服之类的日用品。

当我们买完了衣服，又会是什么情况？

毫无疑问，我们都去买衣服，服装厂的衣服就好卖了。衣服好卖了，服装厂的生意就会好起来，服装厂的生意一好，就会想到扩大生产——供不应求嘛，自然要多生产一点，这样多好赚钱啊，于是服装厂就会向机械厂购买更多的机械，扩大生产规模。

这样一来，机械厂的生意也好做了。机械厂为了给服装厂提供更多的服装加工机械，必然需要更多的钢材，因此也会向钢厂购买更多的钢材，于是钢厂的生意也更好做了。

这样一来，全社会各行各业的企业的销售就全部旺盛了。这就是降息可以扩大企业销售的逻辑。

当然，降息的好处还不仅仅是这些，它还有哪些好处？

第65章
学经济，怎样节约脑力？

作者按：
本文写作和在网络发布的时间为2018年12月。

上一章大致分析了降息为何能够扩大企业的销售，并且提到了降息的其他好处。那么降息还有什么好处？

我先要检讨一下：我在此卖了个关子。

为什么这么说？

第61章和第62章讲了加息对企业的两个坏处，这两个坏处分别是增加企业的负担和不利于企业"找钱"。从第63章开始，讲了加息的第三个坏处，但是讲第三个坏处的时候，不是从正面讲，而是从反面讲降息的好处。这个好处就是能够扩大企业的销售。

在经济领域，到处都是充满辩证法的，加息对企业的坏处其实就对应着降息对企业的好处。具体而言，加息会增加企业的负担，不利于企业找钱，也就意味着降息能够减轻企业的负担，有利于企业找钱。以上就是我所卖"关子"的答案，也就是降息另外的好处。

如果加上"降息能够扩大企业销售"这条好处，降息对企业的好处则可以归纳为三条：减轻企业负担，有利于企业找钱，能够扩大企业的销售。

反过来说，加息对企业的坏处也有三条：增加企业负担，不利于企业找钱，不利于企业的销售。

当然所谓加息的坏处和降息的好处，绝不仅仅是上述三条，我只是挑选了其中主要的三条进行论述。

其实我在本书中无意中说出了经济生活当中的一个重要现象或曰规律：两个相互关联的东西往往是一体的。比方说，上述所谓加息的坏处和降息的好处，其实指的就是同一件事情，只不过需要从两个方面理解。

"双十一""双十二"快到了，很多商家和购物平台都在做活动，打折、优惠什么的。

而到了"双十一"或者"双十二"，商家或者是平台，更会做各种各样的活动，有的是直接打折，有的则是满减。不管是打折还是别的什么方式，这些活动本质上其实就是降价：满188元减100元就相当于原来188元的东西，只需要消费者现在88元就可以买到手。诸位稍加计算就可得知，这相当于打了4.7折。打4.7折的意思其实就是100元的东西，现在47元卖，也就是降价了。

降价带给消费者的好处有哪些？毫无疑问，一是可以帮消费者省钱，二是可以让消费者用相同数量的钱买到更多的东西。

如果商家反向操作，因为商品比较紧俏，存货不多，或者需要买的人很多的时候决定涨价，又会给消费者带来什么坏处？

如果知道了降价的好处，关于涨价的坏处就无须重复了，反向理解即可。即浪费消费者的钱，使消费者用一定数量的金钱能买到的东西更少了。

这些其实是基本生活常识，本文之所以如此饶舌，是想埋下一点伏笔，用以说明，其实看待事物是存在两面性的。

这是否意味着，在阐述问题的时候，只需要阐述一面，而其反面则无须阐述，读者只需要反过来理解？

例如前文已经多次讲过加息的坏处，是否就意味着降息的好处也已经讲过了？

于写作而言，将一件事情讲完整是最好不过的，只不过很多时候讲完其正反两个方面，则会稍显啰唆，而只讲一个方面又会显得浅显，这实在是个难题。

除此之外，经济学内容本身的复杂和"烧脑"也是重要原因。很多经济学概念转换很多，很"绕"，而提供一个相对简单的思维方式则可以减少一半工作量——在有正反两方面的经济学问题上，只需梳理、弄清一方面的原理和知识，另一方面反过来理解即可。如此一来，诸位花费的脑力也就减少到一半，由"2"变"1"了。

在第10章讲汇率问题的时候，理解汇率，理解人民币的升值和贬值，即可采用此法。例如美元兑人民币汇率，这个数字从6变为7，也就是数字由小变大的话，就意味着人民币贬值。而如果这个数字由大变小，如由6.9变成6.5，就意味着升值。就是这个意思。

本章的内容其实和经济学关系很小，无甚"干货"，更多的是在强调学习方法、传达学习理念。而这一理念在马克思主义哲学里面有精辟的论述。

第 66 章
矛盾，是个好东西

作者按：

本文写作和在网络发布的时间为 2018 年 12 月。

上一章本书从加息和降息这样一组概念出发，由此提到了马克思主义哲学。在马克思主义哲学的唯物辩证法中，类似于加息、降息，顺差、逆差，进口、出口，以及上下、高低、前后、有无、长短、善恶、美丑等，这些事物之间的关系，是非常符合矛盾的对立统一规律的。所谓对立，意思就是它们明显是有区别的，它们是反着的。所谓统一就是它们是基于描述同一个事情而存在的，彼此离开了对方都没有办法存在，它们共同组成绚丽多彩、丰富复杂的世界。既然是基于同一个东西，那么它们就是遥相呼应的，而且是有内在联系的，很多时候在数量上还是相等的。后文中会讲到一种记账方法，叫作复式记账法。届时矛盾的对立统一规律将以更加直观的方式呈现出来。

而我们的生活和所思所见如此丰富，如此有意思，其中一个很重要的原因是我们有矛盾，如果没有矛盾，生活就相当寡淡，味同嚼蜡。在这个意义上讲，矛盾是个好东西。

也因此，我一直提倡学经济学的同时要适当学一学哲学。不过好像跑题了，下面言归正传，回到正题：加息为何会影响美国制造业发展？

加息有一个很重要的影响，不利于企业销售，主要体现在以下几个方面：

首先因为银行利息的提高导致老百姓认为把钱存在银行更划算，所以用于买衣服的钱可能会更少一些，这样就不利于服装厂卖衣服。

不过如果仅仅是银行利息的提高，我们老百姓可能感觉不到我们会减少买衣服的冲动。但是，利息的提高会导致一系列的问题，如就业减少的问题、工资降低的问题等。比如，原来有工作的人，可能会因为企业裁员而失去工作，失去工作就意味着失去金钱。原来工资高的，可能会降低工资。还有一种情况，原来在高工资岗位上的人，可能被裁员了。裁员之后，有的人又重新找到了工作，不过，工资收入比原来少，等等。这一系列的情况会导致老百姓的收入下降，收入下降自然省吃俭用，购物就会减少，如过去一年要买十件衣服，现在一年只买五件衣服。因此，服装厂的衣服就不好卖了。

服装厂的服装不好卖了，厂家就不会从机械厂去采购更多的机械。厂家生产的服装都卖不出去，还去增加采购那么多生产服装的机器干什么？于是机械厂的机械也不好卖了。

至于然后会发生什么，其实可以依葫芦画瓢地推理：机械厂的机械不好做了，于是钢厂的钢材也就不好卖了。如果采购一堆钢材，加工成生产服装的机械，机械却没人要，岂不是要大面积亏损？所以机械厂不会去买钢材。

这样一来，各行各业、整个社会的企业销售都会出现困难。

加息对振兴制造业的坏处，就此打住。

我要强调一些事实：之所以从第61章开始讲加息对制造业的坏处，其基本出发点是要探究美国的操作：美国开始减税，这是对振兴制造业有好处的；然后又对外国进入美国的商品加征关税，这也是对振兴制造业有好处的，可是加息对振兴制造业是没有好处，只有坏处的。这一系列动作让人挠头：美国为什么要进行如此矛盾的操作？

弄懂美国进行矛盾操作的动机是本文的一大动力，本文很多探究也围绕这一主题进行。

不单单是加息，美国还使出了另一个更绝的招数来限制制造业的发展，这一招，比加息还可怕，能冲抵减税和加征关税给制造业带来的福音，真可谓振兴制造业的当头一棒。

下一章的主要内容，就围绕这"当头一棒"进行。

第67章
买一个东西，记两笔账，是何道理？

作者按：
本文写作和在网络发布的时间为2018年12月。

上一章讲到，美国通过对国内企业减税和对外国进入美国的商品加征关税的方式来促进制造业的发展，同时又采取加息的方式来限制美国制造业的发展，更近一步来说，美国限制制造业的发展的方式，除了加息以外还有一个：缩表。

"缩"是"缩减"的意思，"表"是"表格"的意思，单独这两个字的意思稀松平常，非常好理解，但是这两个字搭配在一起，就会让大家产生很多疑问和迷惑：缩是缩减的意思，很好理解，表又是什么表，背后又有什么意思？

"表"其实是一个经济学和金融的专业名词——不得不搬出专业名词了，

我做节目也好，写作也罢，为了让诸位少"烧脑"，一般很少用专业名词，万不得已时除外，比如当前。

"表"是指资产负债表。

资产负债表又是什么？

想要讲清楚资产负债表，则必须又要搬出一个专业名词了——这个专业名词是"复式记账法"。

所谓复式记账，"复"就是"重复"的意思，而"复式记账"的意思就是对于同一件事情要记两遍，也就是重复记账的意思。

乍看之下，这个专业名词很让一般读者、普通百姓疑惑：一件事记两遍不就重复了吗？比如，我买一辆汽车，我先记录一遍"购买汽车一辆"，再记录一遍"购买汽车一辆"，这不成了购买"两辆汽车"吗？

请放心，这种记账方式不是这个意思，请容我慢慢道来。

普通人的思维，记账一般如何进行，举个例子：你有1栋房子，价值100万元，有一辆车子，价值20万元，于是你在账本上记：房子1栋，100万元；车子一辆，20万元，这就记完了！Game over。

这样记账貌似非常简单，非常直观，也非常符合每个普通人惯有的思维方式，可面临以下问题时，朋友们就能够明白这种记账方式的缺陷所在。

我和你都拥有一套房子值100万元，一辆车子值20万元，我们如果按照上面的这种记账方式，那么我就看不出你和我有什么区别，总而言之，总资产是120万元。

可是如果你那120万元的资产全部是用自己的钱买的，而我这120万元的资产其中有60万元是借的呢？我买房子的时候是100万元，我自己有60万元，借了40万元，我买车子的时候一分钱都没有了，20万元全部是借的。

需要高度关注的是：在经济生活中，借钱是一个极其常见的现象，所以如果不能在财务报表上反映一个企业的资产里面有多少钱是自己拥有的，有多少钱是借的，那是非常恐怖的事情。

所以会计记账，必须反映这件事情，怎么反映？出路就是复式记账，所谓复式记账就是对同一个经济活动记两次账。

怎么记？当我买房子的时候，先记第一笔账：房子 100 万元。

由于我买这套房子自有资金只有 60 万元，另外 40 万元是借的，所以必须在另外一个渠道再记一笔账，记下购房款项中自有资金 60 万元，借钱 40 万元。

当我在买车子的时候，我手上一分钱都没有了，20 万元的车款全部是借的，所以我在记账的时候也要记两笔，第一笔：车子 20 万元；第二笔：借钱 20 万元。

诸位是否明白了，是否能感受到复式记账可以更加全面地反映经济活动的本质了呢？复式记账反映了一个非常关键的问题，那就是你借了多少钱，经济学的专业术语是"负债"。

而对于房子和车子来说，不管是用自己的钱买的，还是借钱买的，总而言之现在这是购房者的资产，依旧以上文 100 万买房 20 万买车为例，房子和车子加在一起，总资产是 120 万元，这在经济学中的专业术语是"资产"。

由此可以发现一个恒等式：总资产 = 自有资金 + 借款。

而对自有资金，在经济学中也有一个专业术语，叫作"权益"。

因此经济生活当中的一个永恒的等式是：资产等于权益加负债。

需要强调的是，这个等式是绝对的、永恒的，不存在不相等的"意外情况"，如果出现不相等，一定是记账出现了错误。

在实操中每隔一段时间，会计都要把企业资产的汇总一遍，列一个表，这个表分成两边，也叫两端，一端汇总记录总资产是多少，另一端汇总记录总权益加总负债是多少。这个表叫作"资产负债表"。

解释清楚"复式记账",也解释清楚了"资产负债表",接下来说缩表就方便了,下一章再见。

第68章
缩表,怎么缩?

作者按:

本文写作和在网络发布的时间为2018年12月。

上一章解释了复式记账和资产负债表。

这种记账方式的本质是对同一件事情从两个方面来记账,而不是对一笔账简单重复记两次。比方说,某人伸出了一只手,假设要用数字记录伸出手的这个动作,通常的做法就是"某人伸出了一只手",记下来就可以结束了。

在复式记账的思路下,恐怕就不能这么记录,需要记录两遍。第一遍是:某人伸出了一个手掌。与此同时,还要记录第二遍:某人伸出了一个手背。

由于一个手掌必然对应一个手背,因此某人伸出了多少个手掌,就一定伸出了多少个手背。

如果要记录1000个人在某一段时间之内伸手的动作,在复式记账法的规则下,会计账目上一定是一端专门记录伸出了多少个手掌,另一端专门记录伸出了多少个手背。

在总数量一定且一一对应的前提下,还可以进行细分,比方说伸出来多少粗糙的手掌、多少细腻的手掌,多少青筋暴出的手背、多少细腻光滑的手背，这就是更细致的记账项目了，这些可以留待后文，在此只需弄清"复式记账"的基本规则即可。

弄清"复式记账"和"资产负债表"的概念，接着说"缩减资产负债表"的意思，就容易得多。

前文已经拆解过，资产负债表中，资产端的总额和负债加权益的总额一定是相同的，其等式为：资产等于权益加负债。

依旧以上一章100万买房20万买车的例子来说明问题。目前情况下我的资产负债表为：1栋房子100万元，车子20万元，总资产120万元，这是资产情况。与之对应的权益和负债的情况是，权益60万元，负债60万元，权益和负债的总额同样是120万元。

那缩表的"缩"表示什么意思？就是要缩减这个目前总额为120万元的整体规模。由于资产端总额一定等于权益加负债端总额，因此缩减规模无须详细说明到底缩的是资产端还是权益加负债端，总之，只要一说"缩"，两端都会同时下降。

那么如何让一个总规模为120万元的资产负债表下降规模？

毫无疑问，减少负债即可，如何减少？继续以房子车子打比方。

我现在拥有一套房子100万元，一辆车子20万元，但由于我欠款60万元，感觉到压力很大，支付利息之后日常生活受到了影响，我也不想有这么大的负债，想过一种轻松的日子怎么办？

好办，把车子卖了。

假定车子卖了20万元——这里没有考虑车子的折旧。我用卖车的20万元还了账，这样一来我的资产就减少了，变成了我只有1栋房子，100万元。同时我的负债加权益也由120万元降成了100万元，原因是我原来有60万元的负债，现在卖车卖了20万元，用这20万元还了账，所以我的负债就变成了40万元。这样一来，负债加权益的总额就是100万元。

经过这样的调整，我的资产负债表的规模就缩减了，这就是"缩表"。

简单地说，缩表，就是减少负债。当然，负债减少了总资产也就减少了，权益加负债的总额也随之等额减少。

接下来的主要内容自然是：谁在缩表，缩表意味着什么？下一章见。

第69章
央行，亏不亏？

作者按：

本文写作和在网络发布的时间为2018年12月。

弄清了"缩表"的意思，正题就好继续了：美国的缩表。首先要弄明白的是美国的缩表，具体是哪里在缩表——因为本文拆解、研究的是缩表对美国制造业的影响，因此毫无疑问，缩表的是美国的央行，也就是美联储。

那么具体来讲，美联储缩表代表着什么？

美联储就是美国的中央银行，也就是我们通常说的"央行"，想要弄明白为什么美联储会缩表，就必须认认真真地探究央行的会计报表上资产和权益、负债的含义。

在此提醒诸位朋友一定要集中精力，因为在央行的资产负债表上对于负债的理解与日常生活的理解是截然相反的。这一点理解起来存在一定困难。

这是什么意思？打个比方，在日常生活当中，如果我借给你20元，我就是你的债主了，你欠我的钱，这应该比较好理解——我是黄世仁，你是杨白劳。

可是在央行的资产负债表上却并非如此。当央行把20元"借"给某个商业银行的时候，在资产负债表上，央行会将这20元钱作为负债——也就是说，这是央行欠别人的钱。这个时候，央行给了商业银行20元，但央行变成了那个欠钱的，商业银行是债主，这是怎么回事？

重要的事情说三遍，所以，再说两遍：

当央行给商业银行20元的时候，央行在自己的账本上是记成自己的负债，也就是说，算自己欠了商业银行20元。央行是欠钱的杨白劳，商业银行是黄世仁。

还需要说第三遍吗？算了，还是免了吧，第三遍省略。

这都有点儿神经错乱的味道了。

有的朋友脑子这时可能就大了，或者就晕了，可能会问："还有这种操作？它给了别人钱，反而算是它欠别人的钱，是何道理？它亏不亏？"

第70章
央行的钱是天上掉下来的吗？

作者按：

本文写作和在网络发布的时间为2018年12月。

在经济学领域，有一个看起来匪夷所思的经济现象：当央行借给商业银行20元的时候，在自己的账本上记录的是它欠商业银行20元。也就是说，央行把钱给别人了，还算欠别人的钱。

"还有这么傻的操作？"是大多数普通人第一时间的疑问，也是非常有道理的，因为它符合普通人日常生活中对钱的理解。

但非常遗憾，这不符合站在央行的角度看待钱的性质。

全世界任何一个政府、任何一个企业、任何一个个人，把钱借给别人的时候，他就拥有了一种权益，因为是别人欠他的钱。

但唯独有一个机构不能这么理解，那就是各国的央行。

为什么？政府机构、企业、商业银行或者个人，取得金钱意味着有所付出，以物易物也好，劳动报酬也罢，都可以，"付出"是必须的。

工资所起的就是以上作用：劳动者在某一个企业工作满一个月后，企业必须支付给劳动者一定的生活必需品，例如粮食、车辆、衣服等，但由于直接支付这些东西很麻烦，支付的东西也并不一定是劳动者当时需要的，于是就采用"发工资"的方式结算：付钱给劳动者，劳动者再拿着钱去购买、交换所需物品。

钱本身无法解决人们的衣食住行问题，以纸币的形式出现后，本质上也仅仅只是一张纸片，只不过纸上的数字不同。而为什么纸币可以购买人们所需的东西呢？因为纸币其实代表着人们所拥有的财富。

因此，一般人有钱是因为他们已经拥有了等价财产。那如果一个人没有财产还想有钱，自然就要去借钱，也就是欠别人钱。

可央行的钱从哪儿来？

央行的钱就是自己印出来的，它不需要付出任何东西，它就可以拥有钱。这是央行在整个货币体系当中的特殊地位所决定的。而"央行为何有如此特权？"，简单地说，就是为了商品交换的方便。

总而言之，在当今社会一个普通人确实"手头无钱寸步难行"，由此也可以看出，钱实际上是很霸道的。

言归正传，央行的钱可以说是零成本——对于央行来说，印钱的成本很低，可以忽略不计，几乎无须任何付出，甚至可以说"央行的钱都是从天上掉下来的"，而且央行只需念一个阿里巴巴芝麻开门之类的密码，钱就能够无穷无尽地落到它的手上——当然这是一个比方，主要用以说明央行的钱是怎么来的，和我们日常生活中的个人、机构、企业来钱的渠道有何不同之处。

央行货币来源的性质，决定了央行的钱不可能随随便便给别人，倘若有一天它的钱随随便便给别人了，天下必然大乱。天下大乱，央行的钱反过来也就不值钱了，这是一个逻辑上的循环。

那央行的钱应该怎么给别人？

是赠送吗？如果是赠送，且不说背后逻辑上的混乱，首先面临着一个问题是，给谁？给你？还是给我？

毫无疑问，不是赠送。

那用什么方式把钱给别人呢？方式只有一种，那就是需要钱的人要拿东西去换。

这种方式既符合这件事情背后的逻辑，同时也限制了央行毫无节制地发放货币。

而这种所谓的"换"，是什么意思？

第71章

我给你欠条，你再把欠条给他，意思就不一样了！

作者按：

本文写作和在网络发布的时间为2018年12月。

本书在上一章最后，得出了一个结论：央行把钱给商业银行不是白给，商业银行必须拿东西换，这是什么意思？

打个比方：你把价值 100 万元的房子给央行，央行给你 100 万元。

其实这个时候，站在央行的角度，它是没有资格和权利来获得这一套房子的。它获得这套房子，不是因为它给你打了工，你应该支付给它报酬，也不是因为它给了你 5 台车子，与你换一套房子。它给你的钱是天上掉下来的，就是一张纸，相对于 100 万元的金额和购买力，造纸成本甚至都可以忽略不计。

这就回到了第 4 章谈到的问题：货币的本质是一张收条。

也就是说当央行收到你价值 100 万元的房子的时候，它给你 100 万元的货币，其实这个 100 万元的货币只是它向你打的一张收条，本质上的意思是：今收到某某的房子一套，价值 100 万元。

再次强调一下，在这里货币只是一张纸，央行得到它，没有付出任何成本。真正有意义的是你给央行的那套房子。

所以，这套房子与其说是央行收到了你的房子，还不如说央行在收到你的房子之后欠你一套房子，这套房子价值 100 万元。因为它没有任何资格真正拥有这一套房子。

这样一来，央行给你的 100 万元就是它的一种欠账，因为将来它还是要把房子还给你。

行文至此，终于说清楚为什么央行把 100 万元给你的时候，在它的账本上却记录的是它的负债——也就是它反而欠你 100 万元。其实是它欠你价值 100 万元的房子一套。

当然，这也就自然而然意味着，将来你把这张写有"今收到某某房子一套，价值 100 万元"的收条还给它的时候，它要把 100 万元的房子退给你。

你可以拿着央行给你的这张收条去社会上购买任何 100 万元以内你所需要的东西，到时候如果你不还它这张收条的话，那对不起，这套房子就归它了。

这个逻辑貌似和普通人在生活当中对钱的理解并不一致。但是，事实上，如果深究一下，就会发现，其实二者是一致的。

为什么这么说？这主要得把握住一个关键点，也即第4章的主要观点：货币，从本质上说，就是一张收据。

那么在日常生活中，打收条又意味着什么？

比如，我收到你给我的一套房子，至于你为什么要给我房子先不管。总之，你不欠我的钱，我也没有给你打工，所以，你没有义务给我这套房子，我也没有权利拥有这套房子。但是，我就是收到了这套房子。那接下来的故事会怎样演绎呢？

首先，我要给你打一张收条。这张收条意味着什么？由于你没有义务给我这套房子，或者说，我没有权利拥有这套房子。这种背景下，我的这张收条的本质是一张欠条。欠条是什么意思？那就是我欠你一套房子，因为我归根结底要把这套房子还给你。

这其实很好理解。

接下来，故事演绎到第二阶段，会发生什么情节？那就是，你把这张欠条转给了你的朋友。

我们来看看你的这个动作背后的含义，虽然在形式上也和我一样，也是给对方一个欠条，意义却发生了很大变化。

因为你的朋友拿着这张欠条，就意味着他拥有了向我索要房子的权利，也意味着，这张欠条代表着实实在在的财富。既然意味着实实在在的财富，那么，你把欠条给你的朋友，就意味着你是债主，是债权人，是有权向你的朋友索要财富的，而你的朋友是欠你一笔财富的，他有义务归还你一笔财富。

我们把这两个动作做一个对比。它们的相同之处是，都是给对方一张欠条。它们的不同之处是，这个动作背后的含义不同——不仅不同，而且完全相反。

具体地说，我给你一张欠条的动作意味着，我欠你一笔财富。而你给你的朋友一张欠条的动作，意味着你的朋友欠你一笔财富。

这个对比意味着什么？意味着：当一张欠条产生并流转的时候，第一个出具欠条的人，是欠别人财富的人。而此后流转过程中，从第二个人开始，所有的人向别人出具这张欠条时，是别人欠他一笔财富。

这是理解欠条时要特别注意的问题。

接下来我将与诸位一起把这个规律应用到央行上来，看看具体是什么情况，下一章再见！

第72章
出钱和收钱，都算欠钱？咋回事？

作者按：

本文写作和在网络发布的时间为2019年1月。

通过上一章的分析，本书得出结论："欠条"这种东西，对于第一个出具欠条的人和第二个人以后出具欠条的人来说，意义完全相反。

也就是说，对于第一个出具欠条的人来说，当他出具欠条的时候，意味着他欠别人的钱，但是，当第二个人把这张欠条转给第三个人的时候，意味着别人欠第二个人的钱。当然，从第二个人开始，以后所有人转移这张欠条时，都是这个意思。唯独意思不一样，或者说相反的，是第一个出具欠条的人。

把这个道理运用到央行上，代表了什么？

央行发行货币，就是别人给它一定的实实在在的财富，央行向别人出具一张收据，这种收据本质上就是一张欠条。

按照以上逻辑，毫无疑问，央行是第一个向别人出具欠条的，所以央行欠了别人的财富，所以央行需要在账本上把这样一个经济活动记录成负债。

而全社会除了央行以外的所有的人，比如商业银行、企业、个人、政府，这些人和机构都是第二个人、第三个人、第四个人……第一百个人、第一千个人、第一万个人，总之不是第一个人。所以这些人或机构把这张欠条给别人的时候，就意味着别人欠他钱。

在这一逻辑之下，还有个现象十分有趣：当商业银行基于某些原因把货币上交央行的时候，比方说上交存款准备金，这个时候这些货币在社会上已经流转了一大圈，可能商业银行的身份是第一万个人，而央行的身份就是第一万零一个人。在这种情况下，央行在这个经济活动当中不再是第一人。当央行收到这笔钱的时候，是央行欠商业银行一笔财富。

这样说来就很有趣了：当央行发行货币的时候，它把钱给别人，它是欠钱的人，在它的账本上，它要把这个经济活动记录成它的负债。当央行收到商业银行因为上交存款准备金而交过来的钱的时候，它还是欠钱的人。在它的账本上，它还是要把它的这个经济活动记录成负债。

这一现象看起来十分滑稽，其实背后的逻辑是非常清晰的。

拆解完央行出具欠条，我心中颇忐忑——这是理解央行资产负债表的关键点，更是难点，对理解接下来的内容至关重要

接下来继续拆解央行出具资产负债表之后的运行轨迹和背后的逻辑。

前文论述央行发行货币的过程其实是打了一个比方，说央行的钱虽然是天上掉下来的，但是它给你的时候不会白给你，你必须拿东西跟它换。在论述这一概念的时候，为了让读者更易读懂，用的例子是价格为100万元的房子和20万元的车子。采取这种方法来讲，是为了令行文更贴近实际，更通俗易懂，但事实上并不完全契合央行的工作实践。

为什么？

因为央行是不会要你的房子的，一般情况下，央行并不接受实物资产。

既然央行不接受实物资产，那央行都接受什么？

央行接受的资产一般分为两类，一类是有形的，另一类是无形的。无论是有形还是无形，其价值都是实在且高昂的，是数额巨大的财富，只不过实物资产少之又少而已。有形资产通常是指各种票据。

一般而言，票据往往意味着债权。上一章中举过一个类似的例子：我欠你100万元，我要向你打一个欠条，你再把欠条给央行。

从逻辑上说，不管谁手上拥有了这张欠条，都有权利向我索取价值100万元的金钱或者是实物财产。所以当央行拿着你给它的这张欠条，它就拥有了向我索取100万元的金钱或者实物财产的权利，这种权利叫"债权"。各种票据，在本质上就是各种形式的债权。

央行拥有了债权，和拥有你给它100万元的房子的意义是一样的，所以在这个基础上，结合上面所举例子，它就可以再给你打一张收条，这张收条就是"收到你交给央行的价值100万元的债权"，这张收条从本质上说就是100万元的货币。

这种票据或者说债权，虽然看起来很"虚"，但无论如何总还是"有形式"的。

还有一种债权，基本上可以说是没有任何"形式"的。

那么，这种没有任何形式的东西是什么？

最常见的就是政府向央行承诺。比如，政府说，我把未来十年的税收给你。由于是未来的税收，现在没有任何形式，却依旧是实实在在的财富价值。一般而言，完全可以把这种没有任何形式的东西理解成一种有非常实在的财富价值的东西，和你给央行100万元的房子的意义是一样的。

当央行收到了这样的一种特殊的财富之后也要给你打一张收条，打这张收条的形式就是给政府／承诺方相应金额的货币。

你给央行价值100万元的房子的时候，它要给你打一张收条，这张收条的含义是它收到你价值 100 万元的房子，这张收条的表现形式是 100 万元的货币。

同理，当央行收到了政府未来一段时间内的税收保证的时候，同样地，也可以给政府打一张收条，这张收条的内在含义是收到了政府以未来税收做保证的、价值 100 万元的一种权利，这张收条的表现形式，同样是价值 100 万元的货币。

综上，无论央行收到什么，只要具有实实在在的财富含义，那么央行就可以付对方货币，这种货币其实是央行收到对方某种财富的收条。而由于央行的钱基本上是天上掉下来的，央行没有任何权利拥有对方给它的这笔财富，所以它给对方打的这张收条，本质上是一张欠条。

既然是一张欠条，在央行的账本上，记账明晰就是"央行欠某某 100 万元"，也就是，在记载这一笔款项时，会记为负债。

终于讲明白央行资产负债表中"负债"的来历和原理，稍事休息，下一章继续分析，拆借"缩表"的具体操作。

第73章
缩表之后，没钱了！

作者按：

本文写作和在网络发布的时间为 2019 年 1 月。

前面三章拆解了一个貌似匪夷所思的现象：为什么明明是央行给别人钱，它却在自己的账本上记录成自己欠别人的钱，也就是负债。

这个问题虽然说清楚了，但是，可能有的朋友很烦恼，或者说对我有些许不满。如果我们是面对面交流，可能就会当面提出来。

我猜想朋友们的烦恼会是什么呢？大体意思就是：我不想当经济学家，我也不太想知道央行搞这些名堂是什么逻辑，这样太累，我一天到晚忙得要命，我就想在我的投资理财的过程当中，明白一些问题，比如说我现在就是想知道缩表为什么不利于制造业的发展，你跟我扯这些东西干什么呢？别整那些没用的！给我来点最直接的结果吧！我想这大约是朋友们此时此刻的心态。

而我想告诉朋友们的是，如果要想把缩表是怎么回事弄清楚，必须把我这几章讲的内容弄清楚。至少我这样认为。

我同时还认为，我们很多时候看很多财经评论文章，总觉得是一知半解，囫囵吞枣，就是因为对某一些关键的细节没有真正弄明白，我做这个节目就像是填这个空。同时我也想说，虽然我的节目是力求通俗易懂，但通俗易懂并不意味着浅薄肤浅；相反，有的时候我们会不知不觉地说到一定的深度。

不过朋友们也不要着急，我要非常高兴地告诉大家，如果说我们把缩表为什么会影响制造业的发展这个问题当作一个问题，我们现在说到这儿貌似还是漫无边际，事实上我们已经完成了一大半的任务，接下来要说清楚缩表是怎样影响制造业的发展的，应该很容易，也不太烧脑。

顺便要告诉大家一个秘密，我这几章啰里啰唆地讲了那么多关于负债的记账的问题，也就是讲钱怎么能够从央行的手上转移到政府、商业银行和社会公众的手里。这个过程就是央行发行货币的过程。

所谓"央行印钞"，"印钞"是没有任何问题的。不过，请注意：这印出来的钞是需要大众用等量的财富去交换的。

在前几章，本书讨论了一个问题：央行向社会提供货币，还在自身的账本上记录为"负债"，这是什么意思？——央行向社会提供的货币越多，它的负债就越大，央行拥有的资产意味着它也拥有了某些权利。

同时，央行向社会提供的货币越多，它的负债量越大。由于资产和负债永远是相等的,所以,央行的负债量越大,就意味着其资产负债表的规模就越大。

行文至此,距离说清一个很难的问题就只有一句话了:所谓"缩表"就是要缩小资产负债表的规模,这一步究竟如何操作?毫无疑问,就是减少负债,那怎样减少负债?——负债意味着央行向社会提供的货币量,减少负债就意味着减少央行向社会提供的货币量。

这就是央行缩表的含义!

接下来一鼓作气,把缩表,尤其是"央行缩表"再稍微说细致一点儿。

那么,央行缩表通常都采取什么样的方式?

这还是要从当初央行向社会提供货币的过程当中去探索。

当央行向社会提供100万元的货币,就意味着它的负债增加了100万元,那么当抵押人过了一段时间,用各种方式——不管是基于什么情况,将从央行取得的100万元还上了,那么央行的负债就减少了100万元。央行的负债端减少了100万元,其资产端的权利就减少了100万元,于是央行的资产负债表的总规模就减少了100万元,如此一来,就达到了央行缩小规模的目的。

归纳起来一句话:缩表就是缩减央行资产负债表的总规模,而缩表的结果就是钱从社会回到央行,也就意味着社会上的钱少了。

商业银行把存款准备金交到央行那里,也算央行的负债,如果央行从这个角度减少负债的规模,就意味着钱会从央行流向商业银行,社会上的钱会多了起来。但"缩表",不包括这种类型的缩小负债,单指央行因发行货币而产生的负债。

总而言之,缩表就是缩减央行的负债,而这里缩减央行的负债又特指缩减因为发行货币而产生的负债,而缩减因为发行货币而产生的负债,就意味着货币回到央行,所以缩表就意味着社会上的钱少了。通俗地说——没钱了!

而没钱了，会有什么后果？下一章，就来谈谈这个后果。

第74章
美联储，很复杂！

作者按：
本文写作和在网络发布的时间为2019年1月。

央行缩表就意味着社会上的钱少了。所谓社会上的钱少了，主要表现在商业银行里面的钱少了，因为钱回到央行的主渠道是商业银行。商业银行的钱少了，那么它能够借给社会上的企业和个人的钱就少了，于是社会上的企业和个人想用钱的时候向商业银行贷款就更困难了。

而此时，如果某一个制造业企业急需资金周转，当企业向银行借钱的时候却借不到钱了，这可如何是好？

这就是缩表为什么会影响制造业的发展的逻辑。

这个结论就是我从第67章以来想说清的一个问题，其最终答案。

那么缩表这件事是谁干的？是央行干的。对于美国来说，就是美联储干的。美联储缩表就意味着它会限制美国制造业的发展。

这就像两军正在激烈交战的时候，作为美国的一部分的央行，也就是美联储，却在拆台。这又是为什么？

美联储为什么不跟美国政府配合作战？

美国政府为什么不命美联储跟政府步调一致？

这必然要谈到一个问题，那就是美国的央行，也就是美联储是一个什么样的机构。

美联储是一个简称，全称是美国联邦储备系统。

既然叫系统，那么它一定是由几个部分组成，它是由哪几个部分组成的？

它是由五个部分组成的。

第一个是美国联邦储备理事会，也有人把它称作"美国联邦储备委员会"。这个理事会或者叫委员会，是美国联邦储备系统最核心的机构，同时由于美国联邦储备系统和美国联邦储备委员会在名称上很相近，所以人们经常把"美联储"这个简称，理解成"美国联邦储备系统"，或者理解成"美国联邦储备委员会"，所以我们也可以这么来理解，狭义的美联储就是美国联邦储备委员会，而广义的美联储是美国联邦储备系统。

第二个是美国联邦公开市场委员会。这个机构是专门负责做公开市场操作的，什么叫公开市场操作？这是一个专业名词，在此不赘，以后有机会专门讲。不过美国联邦公开市场委员会也决定美国货币政策中很多重要的事情。当然它能决定的事情，其重要程度可能要低于美国联邦储备委员会所决定的事情。

第三个是美国联邦储备银行。它才是真正的银行，也就是一般意义上的"央行"，不过这个央行由12个银行组成，而不是通常所说的一个。这个机构还有一个特别之处：这个央行只是一个执行机构，执行美国联邦储备委员会和美国联邦公开市场委员会这两个机构的决策。

第四个是美国联邦储备银行的成员银行，有多少个？这个数字很大，有3000个。

第五个是咨询委员会，有多少个呢？三个，倒是不多。

上述五个机构里，前两个委员会决定了美国的货币政策，是决策机构；后面三个都是执行机构。

很多读者朋友可能会说：央行就是央行吧，美国的央行整得真够复杂的。两个决策性质的委员会，12个联邦储备银行，3000个成员银行和三个咨询委员会。天哪，这真是一个集团军在作战！

如果你有这种想法，说明你理解对了，美国的央行是全世界最复杂的央行。美国联邦储备系统，这可真是个"系统"，实至名归。美联储，真复杂！

不过，这么一个庞大的系统，真正的决策机构是两个委员会，那么研究美国的央行，其实主要把这两个委员会给抓住、弄懂也就行了。

这两个委员会是什么来头、是怎样干活的？

第75章
美联储，听谁的？

作者按：

本文写作和在网络发布的时间为2019年1月。

美联储的核心是两个委员会，一个是联邦储备委员会，一个是公开市场操作委员会。这两个委员会也有分工，其中美国联邦储备委员会决定存款准备金率和贴现率，和储备金率是差不多的意思。这个准备金率在第21章里做过详细拆解和说明，但是贴现率暂时没有讲过，不过诸位只记住一点即可：这两个"率"对美国的货币政策来说，是大事，十分重要！

美国公开市场委员会决定着美国的公开市场操作。公开市场操作过去也没有讲过，暂时也略过，总之记住这是货币政策里面重要的事，但是相对于前面两个率来说是小一点儿的——姑且把它称为"小事"。

这一大一小两件事就构成了美国的货币政策，这个政策就是由这两个委员会来决定的。这两个委员会决定好之后，就交给 12 家美国联邦储备银行和 3000 家成员银行去执行，至于如何执行，在此不赘。

美联储系统虽然非常庞大，理解起来也并不太难，只要抓住这两个委员会即可。

而抓住这两个委员会，则需要看看这两个委员会是怎么运作的，由哪些人组成。

美联储很难被其他机构"领导"。美国一般的机构基本领导不了美联储，尤其是领导不了其日常工作，包括美联储的决策。

可如果说美联储是独立运作的，不归美国任何部门"领导"，那也不太准确。美联储严格意义上还是归国会领导的，与此同时美国总统也对美联储有一定的影响力。

那美联储究竟如何归属？

首先美国法律规定，美联储的决定不受政府总统或者是国会等机构的干涉，也就是说美联储有独立决策权，它自己就能"说了算"，任何机构和个人都无法否定美联储的决定。

一般而言，美国是三权分立，立法权、行政权和司法权是独立的，互相制约。

其实作为一个关注经济的人来说，我认为从某种程度上说，美国人可谓"四权分立"，也就是在前面说的三权分立的基础上再加一个货币权的分立。

美国又是怎样保证货币权分立的呢？

主要体现在两点：一点是法律规定美联储有独立性，美联储的决策任何机构不能否定；另一点是从人事安排上来保证。

在美联储中，有两个委员会决定美国的货币政策，这两个委员会由多少人组成？

总共有 19 个人。

其中联邦储备委员会 7 个人，公开市场委员会是 12 个人。这 19 个人包括联邦储备委员会的 7 个人，另外还有 12 个人，就是 12 个联邦储备银行的行长。

下面分别说一说这 19 个人的来历。

我们先说相对不重要的那 12 个人，就是 12 个联邦储备银行的行长。

联邦储备银行是企业，那么企业的老大自然是取决于谁出钱成立了这个企业，也就是说，谁是这个企业的股东。这也就是下一章的主要内容。

第 76 章
谁任命私营企业老板？

作者按：

本文写作和在网络发布的时间为 2019 年 1 月。

要搞清楚 12 个联邦储备银行行长的来历，先要搞清楚，谁是这 12 个联邦储备银行的股东。

是谁呢？

答案是：3000 家成员银行。

至于它们分别出资多少，暂时不去管它，总之是 3000 家成员银行出钱成立了 12 家联邦储备银行。

那么，这 3000 家成员银行又是什么来头？在美国，银行绝大部分都是私人的，虽然也有国家资本在里面，但是占的比例非常非常小，在理解的时候基本可以忽略不计。

那么这 3000 家成员银行其实是私人银行，私人银行又出钱成立 12 个联邦储备银行，如此一来，这12个联邦储备银行的行长是由谁来任命？是总统吗，还是国会？

毫无疑问，都不是。

剩下的7个人，也就是联邦储备委员会的7个委员，又是谁来任命？

这7个人的任命其实还有一点点政府的味道在里面：这7个委员是由总统提名，由国会参议院批准的，从这一点上来说，他们应该是地地道道的政府机构人员，而美国人也把联邦储备委员会定性为政府机构。

照这样说的话，那美国政府或者是国会自然是能够领导、控制美联储的。

但实际情况并不是。

虽然美联储联邦储备委员会的7个委员由总统和国会共同任命，但是美国却刻意制造了一套制度，让总统和国会都不能实实在在地控制这7个人。

这个制度又是如何运作的？

首先，这7个人确实是由总统提名，由国会参议院审批的。先是确定这7名委员，然后再从这7名委员里面选一个人当主席，再选一个人当副主席。不管是委员，还是主席、副主席，都是由总统提名，由参议院批准的。

问题来了：既然这7个人都是这么来任命提名的，那难道总统还管不了他们吗？难道参议院还管不了他们吗？

是的，确实管不了他们。

这又到底是怎么回事？

首先这7个人，作为联邦储备委员会的委员，任何一个人的任期都是14年。

14年，是一个什么概念？美国总统的任期是4年，参议员的任期是6年，而这些委员的任期是14年，所以说不管谁当了总统，他所面对的这一群人，大部分都是前任或前几任总统任命的。

那我把我不满意的人撤换了不行吗？

很遗憾，不是不行，而是太难了！因为法律规定，要想撤换他们，必须参议院三分之二同意。让参议院三分之二同意撤换掉一个人，那有多难！所以撤换这条路基本等于"此路不通"。

不能换人，那总统还能指挥得动他们吗？他们做的决策，总统和国会又都不能干预。诸位想想看：人不是你的人，法律又有规定：他做的决策、他说的话你又不能干预，那你还能控制得了他？

有人可能会想：如果碰巧哪一届总统上台的时候，这7名委员同时都任职到期了，于是这名总统非常幸运，然后一股脑儿把7名委员都一次性任命了，虽然他们的任期都是14年，但至少在这一任总统的4年任期之内，这7个人都是这个总统亲自任命的，都是他的心腹，那么这7个人是否能受总统控制？

很遗憾，答案是否定的。按照美国人精心制定的规则，不可能7名联邦储备委员会委员同时任职到期。至于为什么，且听下一章分解！

第77章

惯用语："呵呵"

作者按：

本文写作和在网络发布的时间为2019年1月。

7名联邦储备委员会委员不可能同时任职到期，这是因为美国人专门设计了一个精妙的制度。

是什么制度呢？这7名委员的14年的任期不能在同一年开始任职，而是要间隔两年。

比如说，a 委员是 2014 年开始任职的，那么 b 委员则要从 2016 年才开始任职，c 委员则是从 2018 年开始任职，以此类推，这样一来就不会出现同时任职到期、然后 7 个人同时由同一个总统来任命的情况。

所以，这 7 名委员，谁也无法完全控制他们的上任或者是解职。

再加上法律赋予他们的权力是，他们做的决策别人都不能干涉。他们就说了算，他们在货币政策领域就是"老大"。

所以在我心中，美国不是三权分立，而是四权分立，这四权分别是立法权、行政权、司法权和货币权。

关注财经的人应该知道货币权在一个国家中的重要性。所以三权分立其实是四权分立，把货币权和另外三权并列并没有夸大货币权的意思，而是货币权本身就有这么重的分量。

美国人是这样理解的吗？是的。

美国其实在建国初期的百余年间，一直不想形成这样一个局面，在他们的宪法第八章里面明确规定：货币政策中最核心的权力——货币发行权归国会。到现在也都还是这样规定的。

1913 年，美国人通过了一个《美国联邦储备法案》。这个法案规定，国会所拥有的货币发行权委托给这个委员会来执行。这样就从法律程序上，把这个货币政策的权力交给了美国的央行，而且这个法律还规定：央行是具有极大独立性的。

行文至此，终于可以弄清一个问题：为什么在现任美国总统签署总统令，明确对国内企业减税和对外国进入美国的商品加征关税的情况下，美联储能反其道而行之，还在进行缩表和加息。美国总统当然也很不高兴，也多次批评了美联储的这一做法，这种做法实在太不给力了，不仅是不给力，完全是和美国总统对着干，反着干。

美联储面对总统的批评又是什么反应？

如果用现在流行的网络语言来形容的话，美联储历来的反应就是这两个字：呵呵！

面对总统的批评，美联储完全置之不理。而在美联储心情好的时候，它就会出来"呵呵"一下。"呵呵"这个词应该是他们用得最多的词，也算是惯用语了！

当然，如果涵养差一点，或者总统说得太过分了，让美联储很生气，美联储完全也可以反唇相讥，以其人之道还治其人之身，甚至是拍桌子骂总统，也都是可以的。

本章解释清楚了为什么美联储能够跟美国总统对着干。

那么接下来的问题是：美联储虽然有这个权利和条件和总统对着干，它为什么要对着干？

第78章
姓"公"，还是姓"私"？

作者按：

本文写作和在网络发布的时间为2019年1月。

美联储虽然有条件和总统对着干，但是它为什么要跟总统对着干？当总统要减税的时候，美联储为什么非要加息和缩表？

要弄清楚这个问题，首先要看美联储是一个什么性质的组织。

而看美联储是一个什么性质的组织，还要从姓"公"还是姓"私"两个角度来看。

首先，从股权结构上来看。3000家成员银行是私人企业，这是没有问题的。由3000家私人企业出资成立一个新企业，就是12家联邦储备银行。那么从股权结构上来讲，美联储是属于私有制，应该是没有一点儿问题的。

其次，从治理结构上来看。所谓治理结构，也就是说谁在这个组织里面说话算数。言下之意是，这个企业虽然是一个私人企业，但是这个企业里面的话事人，如果是公家人，那么美联储的性质，也就未必是百分之百的私人性质。

那么这12家联邦储备银行的话事人也就是掌舵人是谁呢？前面已经说过是19个人，这19个人当中有12个是私人银行的老板，那么它是属于私人性质，这也是没有问题的。

容易引起大家产生不同观点的是：另外还有7个人是国家任命的，具体程序是总统提名国会通过。

同时美国也把这由7个人组成的联邦储备委员会定性为政府机构。既然是政府机构，那自然是姓"公"的。而且这7个人是在美国联邦储备系统里面权力最大的7个人，也是决定美国联邦储备系统的路线、方针、政策的7个人，所以这7个人是什么性质，对于确认美国联邦储备系统是姓"公"还是姓"私"的性质至关重要。

所以必须看一看这7个人的来历。

从一般意义上来说，美国国家机构任命什么样的人成为这个七人委员会的成员，是没有特别的限制条件的。

可是，既然这7个人要主宰美国的货币政策，那么他们至少应该是业内的专家吧？很难想象美国人会把美国农场的一个普通农民，一个对货币政策知之甚少的人，任命成这个七人委员会的成员。

也就是说，这7个人至少应该是业内人士。

既然是业内人士，那么我们可以推理一下这7个人大概率来自何处。

毫无疑问，应该还是来源于美国的银行系统。

而美国的银行系统都是私人性质的，所以这些人的出身应该也是来源于这些私人性质的银行。

那有没有可能来源于一些非常独立的经济学家呢，比方说大学教授？

回答是有，而且还不少。

但问题在于，即使是大学的经济学教授，他研究美国的银行问题，能脱离美联储的基础是 3000 家私人银行这样一个现实吗？而他又会不会和 3000 家私人银行有千丝万缕的联系？

尤为重要的是，在美国，如果一个人是银行方面的知名教授，而且此人有可能被国家任命为七人委员会的成员，而这个七人委员会制定的政策，能够极大影响美国银行业的利润，如果你是美国这 3000 家私人银行的老板，你会不会千方百计去接触这个经济学家，去影响这个人的思想，会不会给他的科研经费搞一点儿赞助，让他在适当的时候帮你说说话？

这个七人委员会的成员，虽然由政府提名参议院审定，但是大概率还是会为 3000 家私人银行说话。

那么有没有例外呢？

第 79 章
"私"有，有"公"！

作者按：

本文写作和在网络发布的时间为 2019 年 1 月。

从逻辑上说，不排除个别的经济学家独立性非常强，身处于 3000 家私人银行的包围之中，却绝不接受任何一家银行的资助，永远保持自己独立的经济学观点。即使此人进入了七人委员会，他说话也绝对不单纯考虑3000家私人银行的利益，而是完全站在学术或者国家的利益上说话。请注意，资助不是贿赂，因为在美国，这种资助是合法的，并不是贿赂。

这种人是否有存在的可能？

换一种角度来说：美国的制造业企业也不是吃素的，这些制造业企业会不会也去资助这些经济学家，让这样的经济学家成为这些制造业企业在七人委员会里面的代言人？

这种情况有无发生的可能？

是有可能的。

从逻辑上说，不能排除没有，但是这种概率和占比应该是极小的。因为在这样的一个人才竞争局势当中，毫无疑问3000家私人银行占据行业优势，有大把机会可以近水楼台先得月，推荐能为行业代言的经济学家。

认为美国的联邦储备系统姓"公"的，还有一个貌似很充分的证据。那就是3000家成员银行，作为12家美国联邦储备银行的股东，它们每年并不分红，而是只拿固定的股息，而且这个还股息非常低，大约只有6%，而且它们所分得的股息大约只占美国联邦储备银行年收入的10%不到。多年以来美国联邦储备银行的利润94%左右都上交给了美国政府，其他的6%左右分给了它的成员银行。

由此可见，这19个人组成的美国联邦储备系统的决策人员，尽管他们大部分来源于私人银行，但是他们在为联邦储备银行办事的时候，获得的收益却极小，甚至可以忽略不计。由此有的人推断出来说这些人在做事的时候，其基本的出发点一定是为公而不是为私。

持这种观点的人并没有准确把握美联储作为美国央行的性质。

首先，央行也是一种企业，它贷款给任何一个机构或个人都是以借款的形式，都是要收取利息的。言下之意是，这个央行，尽管它的钱是从天上掉下来的，但是它也是要盈利的。

虽然央行也是一个企业，但是盈利绝对不是它的第一目标。央行的职能是制定货币政策影响3000家成员银行的利润。当然，央行和它制定的政策客观上也会影响社会上各行各业的收入和利润。

打个比方，如果你是这3000家私人银行的老板，而且你有幸成为这样一个19人委员会当中的一员，你每次在制定政策的会议上发表观点的时候，有两个选择：一个是尽量让联邦储备银行多赚钱；另一个是尽量让你所在的银行多赚钱。你会选择哪一个？毫无疑问，如果你的出发点是让央行也就是联邦储备银行多赚钱，那你根本就分不到多少钱，那你何必还这样考虑？

所以说，这19人委员会的成员当中的绝大多数人在制定政策的时候，更多不是看联邦储备银行赚了多少钱，自己能分多少钱，而是要看这个政策能为自己所在的3000家私人银行当中的某一家银行赚多少钱。

本书的观点十分明确：19人委员会当中的绝大多数人，在制定货币政策的时候都会考虑他所在的私人银行的利益。

当然，他们会不会考虑银行业以外的企业的利益呢？比方说制造业的利益？另外，他们会不会考虑国家的利益呢？

一定也会考虑的。

因为银行是整个社会的血液。全社会的经济不景气了，银行业绝对也会跟着一起倒霉。国家衰败了，银行业自然会跟着一起衰败。

所以，美国联邦储备系统应该说总体上是姓"私"的，但是它绝对不会只干姓"私"的事情，它也会干一些姓"公"的事情。

但关键在于，美联储把哪一点放在最前面，哪一点才是美联储的根本利益。本书认为姓"私"才是美联储的根本利益，才是美联储应该首先考虑的利益，其他的利益是其次。

更为重要的是，银行业如果要赚钱，必须把自己和全社会的各行各业紧紧地捆绑在一起，甚至是要把自己和国家的命运捆绑在一起。这一点也决定了美国联邦储备系统，虽然总体上看是一个私人性质的，但是它 100 多年以来却一直能够为国家和全社会服务。这也是它能够在美国存在 100 多年，而且在这 100 多年当中助力美国成为世界强国，做出不可磨灭贡献的逻辑基础。

与此同时，银行业赚钱有它的独立性，在绝大多数问题上，银行业的利益和全社会的利益是一致的，但是在少数关键领域，银行业的利益和国家利益、全社会的利益并不一致，甚至会背道而驰。

其中最典型的例子就是银行业可以利用，甚至制造金融危机来赚大钱，赚快钱。

在这一点上，美国银行业的利益和美国其他行业的利益就不太一致。

尤其是，由于美元是世界货币，美国银行业赚取的是全世界的钱，而不单单是美国的钱，这在当今世界，只有美国一家，别无他号。

这样一来，美国银行业和美国其他行业的利益就更加不一样了。这直接导致美国银行业把美国其他行业以及其他国家整得苦不堪言。

上部行文至此，戛然而止，这是为何？

一个美人，没有胳膊是非常遗憾的。然而维纳斯之美，也包括她的断臂。据说很多雕塑家都尝试过给维纳斯接上那只缺了的胳膊，可是都没有成功。到现在为止，最美的维纳斯，仍然是断臂的。

我们还可以看到，世界知名的企业——苹果，它的商标是被咬了一口的苹果，而不是一个完好的苹果。

我经常想，苹果之所以能够做得这么成功，大约是因为乔布斯的苹果被人咬了一口。

为什么呢？因为缺憾之美。

为什么缺憾会是美的呢？

因为我们所存在的这个世界本来就是有缺憾的。我们没有完美的东西。

所以，缺憾之美是真实之美。

所以，缺憾可以美。

正如我在我的作品里面讲投资，世界上有没有一种完美的投资方法呢？回答是：没有。

我对这个事儿有一种根深蒂固的执念。

比如，我从第31章开始讲了一些投资的理念，到第35章和第36章，提到了两个具体的投资思考，事后都证明这两个思考是对的。

然而，即便是在写这两个思考，也就是还不知道我这两个思考是否正确的时候，我的心里也是诚惶诚恐的，我害怕啊。

我不是害怕说得不准，显得自己是个水货。

我是怕自己说准了，让朋友们误认为我是"大师"。

所以，我在接下来的第37章和第38章中，赶紧给朋友们分享了我投资失败的经历。

我这样做，就是要阻止朋友们把我看成"大师"。

我虽然在投资的问题上做了很多期节目，貌似还普及了一些知识，且坚信我的理念是正确的，但是我从来不认为我能够100%成功——即便我过去10年的投资从未有过重大的失败。

所以，我吁请我的朋友们，一定要善于运用马克思主义辩证法的思维来思考问题，这个世界上没有完美的东西。

当我们面对一件遗憾的事情时，最好是云淡风轻，泰然处之。

接受遗憾，接受纰漏，接受不完美，是我们对待任何人和任何事所应该有的基本态度。

生活的首要诀窍，不是怎样去追求幸福，而是怎样去面对不幸福。当你善于面对不幸福的时候，你就自然而然地幸福了——哪怕你追求幸福的本事很一般。

你可以说我这是为自己的不完美自圆其说。

但我是真心这样想的。

不过，对于不完美的东西，我们还是要想办法尽量去弥补。当然，基本的心态是能补多少补多少，不要奢求把它补全。

比如，我的这部作品主要是讲一些财经的基础内容，其中只有第31章到第37章是讲具体投资的。而喜欢我的作品的朋友，没有一个人不希望我讲一讲具体的投资建议，而我又坚守不给人提供具体投资建议的原则。

但是，我有时候也会把这个遗憾多多少少补一补。比如，我会讲一些具体的投资思路。按照我这个习惯，在我这部书的下半部分，我想把我这几年写过的一些相对具体一点的投资思考奉献给朋友们。

然而，我仍然坚守不提供具体投资建议的信条，所以，在这些相对具体一点的投资思考中，你找不到任何具体的投资建议。

说到底，缺憾只能少许弥补，不可能彻底弥补。

接下来，我们看一看，最近这几年我写过哪些相对具体一点的思考投资的文章。

我要特别提醒朋友们的是，看我这本书的所有内容，都要特别关注写作和发布的时间。

为什么呢？

同一句话，在不同的时候说，它所体现出来的意思完全不一样。比如，我在 2013 年茅台股价是 100 块钱的时候说茅台是一只好股票，和 2021 年前后茅台股价到达 2000 块钱的时候说茅台是一只好股票，两句话一样，但在不同的时间说，意义大不一样。

基于这一理念，我将继续本书的一贯套路：在"作者按"中标注了文章写作和发布的时间，请朋友们务必加以注意。

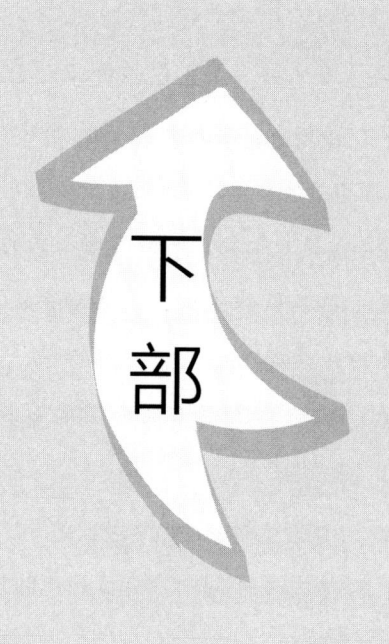

下部

祝贺！狂跌的市场，送了你一个大礼包

作者按：

本文写于2020年2月4日，早上股市开市之前发布。我当时的心理是，一定要赶在股市开市之前发布。因为我觉得，如果有人看了我的文章，认可我的观点，在当天股市开市时买入，应该是一个好时机。

结果2020年2月4日早上开盘，中国股市创造的点位，是从那一天以来，到现在（2023年9月）第二低的点位，而且和第一低很接近。以沪市为例，最低是2646，那一天的开盘是2685。

偶然当中有必然。我侥幸预测正确皆因能看到总体趋势。大体，靠本事；具体，靠运气。

昨天，2月3日，大盘跌得"不负众望"，在假期中给出上涨预测的金融从业者应该不多。

在一片哀鸿遍野的氛围中，我给一个朋友发了一条祝贺的微信：市场给他送了一个大礼包！

这是什么意思？

这位朋友假期间问过我一只股票，然后我表达了我的看法——我和他一致认为那只股票可以买进。

这是我第一次给别人提供具体的投资建议，在此之前我从未这样做过，我为了自己的朋友破了一次戒，而且是到目前为止唯一的一次。

之所以破戒，皆因这位朋友十分特别：

第一，他是我的资深粉丝。我 2018 年上半年刚刚在喜马拉雅做节目，体量小、每集播放量不超过 100 的时候，他就是我的粉丝了。

第二，他是我的铁杆粉丝。从 2018 年上半年我跟他开始交流，到现在将近两年时间，我感觉——这仅仅是一种感觉，凭借人生经验感觉出来的，说不出来什么理由，他是我的铁杆粉丝。所谓铁杆粉丝，我的定义就是：对我的认可度非常高。

因此我给他具体的投资建议给得很有安全感。

为什么我会提到"安全感"这个问题呢？我这里所说的安全感又是个什么东西呢？这其实很简单：如果我给你提了投资建议，你在我的投资建议影响下操作，万一没发财，甚至是亏了钱，你不会怨我。

至于为什么这么担心朋友们听了我的投资建议之后会亏钱，会怨我呢？有两个原因：

一是我的水平有限。我自己的投资经历当中也有很多失败的案例，我在节目里面说过一次，但那只是我众多的失败投资当中的一个，还有好多我没告诉大家。这样说来，我的建议不一定是靠谱的，我很担心朋友们听了我的建议之后，把钱给了市场，把怨恨给了我，自己什么都没落着。

但是这只是一个方面的原因。另一方面，即使我的投资建议本身是靠谱的，但是你接受了我的投资建议之后，并没有按照正确的方法去操作，可能最后你的投资还是失败的。

比如，我的投资建议都是立足于价值投资。价值投资的最基本的要求就是长期持股、信心坚定——在绝大多数情况下保持持股，谨慎卖出，且在长时间的持股过程当中，不管风吹浪打，始终保持坚定的信心。如果诸位达不到这条要求，即使我的投资建议十分正确都会因为抛售过早——俗称"卖早了"而亏钱。

总而言之，我不给朋友们提供具体的投资建议的原因比较多，听了我的投资建议又不是包专勤的，不赚钱，那你就有可能怨恨我，我的安全感也就消失殆尽了。正因如此，我一般不给其他人提供具体投资建议，这也是我坚决遵守的底线和铁律。

这位朋友当时问我，某一只股票怎么样？言下之意，是问我能不能买。我就说能。当然我也特别强调了，我所说的"能"是指基于价值投资。

在这种情况下，今天大盘跌了，那只股票跌了8个百分点。当然我也没问他买不买，我不关心这些事，但是我给他发了一个祝贺的微信：祝贺大盘今天给你送了8个百分点的大礼包。

有的人可能就纳闷儿了，我赞成他买，结果今天跌了8个多点，还好意思说？还有脸说？这明显就是打自己的脸！

结果，我竟然真还有脸说市场给他送了大礼包，还主动给他发微信祝贺他，还把这个事专门做一期节目。这中间是什么逻辑呢？我给朋友们分享一下我的逻辑，这个逻辑里面透露着我的一种思路。

这个逻辑就是，假定这只股票节前的收盘价是10元，然后这个朋友做功课，认为它的价格可以到达20元，我也赞成他的分析，赞同他买入。

在这种情况下，我与他的投资共识为：买入价10元，卖出价20元，20元减10元等于10元，也就是利润是10元，再除以成本10元，所以利润率就是100%。当然了，这是基于价值投资和长期投资的，并不是为了炒短线，这点要时刻牢记。

在这种情况下，这只股票今天跌了8个点，从10元跌到9.2元。这就意味着，如果他今天买，那么他的买入价是9.2元，但是他的卖出价呢？按照此前做的功课，还是20元，他的利润是多少？是20元减9.2元，等于10.8

元。进一步，他的利润率又是多少呢？0.8元除以9.2元，117%。也就是说他本来的利润率是100%，现在增长到117%了，他的利润率增加了17个百分点。

从直观上来讲，今天跌了8个点，简单点说就是市场给他送了8个点的大礼包。

我的投资逻辑，其实代表了很大一部分价值投资者的基本投资理念。

市场大跌其实就是在给朋友们送礼！同样一只股票，做完功课、卖出价确定之后，投资者买入价越便宜赚得就越多。

那么投资者怎样才能够买得便宜呢？只有下跌！如果上涨，诸位是不能买到便宜货的！

比方说刚才那个例子，节前价10元，如果它从10元涨到11元了，在11元的时候你去买，买入价就贵了1元。生意进货也一样，进价每涨1元，利润就少1元。

这个道理就这么简单直观。

当然也有朋友可能会说：你假期做的功课，你同意买这只股票，那就意味着今天开盘就要买，开盘价是多少呢？你刚才说了那么大一堆，是按照收盘价来说的。

这就涉及价值投资的另一个理念了。对于价值投资者来讲，当前某个价位区间都是可以买的。但在具体的买入时机上，是指在最近这一段时间买，而不是在指定的某年某月某日某时某分某秒的某一个时间点上买。如果在这个时间段当中投资者已经确定要买，好巧不巧在这个时段内这只股票竟然跌了，这就像做生意一样——进货价更便宜，而这就是市场送给你的意外之财。

本章主要内容到此为止，本章节内容代表着我对昨天大盘下跌所持的一种心态，也算是一种大盘分析。如果我是那位朋友，会期待大盘在今天继续跌下去，跌得越多越好——我这一观点可能会伤很多被套牢的股民之心。

关于在下跌的状态下，手上有股的人，作为价值投资者应该是什么样的心态？比如我本人，一直满仓，昨天一下子就跌了不少——具体是多少我也没去看，我又是什么心态？

请放心地跳，但不能闭着眼睛

作者按：

本文写作和发布于 2020 年 2 月 8 日。

这是对 2020 年 2 月 4 日文章的补充说明。

同时，现在看来，这是一篇自我打脸的文章。我把这篇自我打脸的文章挑出来，写进书里，是想说，我不想只顾着"吹"自己，我还要"打"自己，而且要公开地"打"。当下还是比较缺"打自己"这种精神的。

今天我想梳理一下十几天以来我关于股市方面的观点。

在 1 月 26 日的音频中，我讲了一个观点：如果武汉是一只股票，那么封城之后我将跑步进场。这其实蕴含着一个意思：封城，对武汉的形象是一个大的打击，因为封城意味着疫情严重。疫情严重大概率会导致股市下跌，而在下跌的时候投资者又该做什么？

我的建议就是：跑步进场。

1 月 30 日的音频，是接着 1 月 27 日的音频说的。核心观点是：如果我们发现政府有些事情做得不好，请一定客观分析它当时所处的具体情况和难处。言下之意是不要轻易地彻底否定这个政府，要继续对它保持信心。

强调一下，我们可以批判它，但不要彻底否定它。

2 月 4 日的音频，就更加直白了，明确对于 2 月 3 日的大跌给出我的观点，正如它的标题:《祝贺!狂跌的市场,送了你一个大礼包》。

2月7日的音频,主要讲了下跌不会给我造成损失。并且在音频前面的导语,我特别强调了:这是3000点之下的大跌。

由于本人奉行"不提出具体投资建议"的铁律,所以我说的话总有些犹抱琵琶半遮面。

不过细心的朋友应该能够体会得到我的意思。即便是不认真领会我的意思的朋友,也能够有一个明确的感觉:对于当下的大跌我一点儿都不慌张。如果我是一个手上有股票的人,我不会担心有什么损失。如果我是一个手上有现金的人,我会跑步进场。

这种判断基于一个前提,在2月7日的音频的导语上,我说得很明白,再重复一遍:这是3000点之下的大跌。

言下之意是,3000点以下是价值投资的洼地,是捡便宜货的好时机。

尤其是前几年偏于紧缩的宏观经济政策渐渐退去,中美贸易战趋于缓和,疫情暴发,并终将烟消云散,如此等等,利空在不断地出尽。

股市也会不断地受一些因素打击,进一步下探,下探到2500点、2300点乃至2000点。

但作为价值投资者,我们必须同时高度紧张起来。常言道,乌云过去是天晴,黑暗过去是黎明。我们一方面要警惕幺蛾子和黑天鹅的出现,另一方面也要高度关注乌云散去后云开和日出的到来。

历史反复告诉我们:灾难在到来之前从来不会跟我们打招呼,而胜利从来都是低调前行的,它每一次眷顾我们,都是那样悄无声息。

正是基于这一点,我才有上述一系列的音频,而音频里充满着乐观、自信。

但我不得不说,这是就总体市场态势而言的。不管市场总体的估值如何低,总有那些鹤立鸡群的股票估值是偏高的。比如,我从2011年跟踪茅台以来，看着它一天一天成长，价格从 100 元到 1000 元，飞天茅台酒的价格也从 800 多元上升到实际上的 2000 多元。

说实话，价值投资者历来都是胆小如鼠的人。

不排除茅台的价格还可能上 1500 元、2000 元，乃至更高，但在当前的价位上，我已经没有任何胆量参与其中的搏斗。

正如我在 1 月 31 日的音频——《这几天，我泄露了什么秘密》的结尾所说：仅以这个节目，献给 2019 年下半年以来奋战在茅台战线的英雄们！

我对于 2019 年下半年以来还能参与茅台战线的搏斗的同志们，尤其是对他们的胆量，致以崇高的敬意！

因为我没有这胆儿！

所以说，3000 点以下，市场所挖的坑，你大体上都可以放心跳下去。但是你不能闭着眼睛，有的坑，真的是坑！

我是怎样把 59 倍市盈率变成 14 倍的？

作者按：

本文写作和在网络发布的时间为 2020 年 3 月。

这篇文章是回答一个朋友的问题的。

这个问题是："价值投资者为什么也买市盈率高达 59 倍的股票？"

这是一篇介绍价值投资的基本技能的文章。

是最基础的技能。

要回答这个问题，首先要回答"什么叫市盈率"。

什么叫市盈率？我相信以诸位的学识，肯定已经知道了，而本文现在要谈的是市盈率背后的逻辑。

最简单地打个比方，市盈率是这样的：我投一笔钱出去多少年能够收回投资。

这又是什么意思？比方说，我投资一只股票，价格是 10 元，这只股票每年的利润是 1 元，那么我一年 1 元、一年 1 元，我用 10 年就可以收回投资的 10 元了。

所以，用 10 除以每年的 1 元，得出来的市盈率就是 10。

这就是市盈率的根本含义，了解市盈率的这个根本含义非常重要。

那么，在"价值投资者为什么也买市盈率高达 59 倍的股票"这个问题中，市盈率是59，意味着一只股票一年的利润是1元，但是它现在的股价是59元，所以它的市盈率是59。市盈率是59，同时也意味着59年才能够收回投资。

毫无疑问，59年收回投资明显是一个亏本的生意。

但是，为什么在这个市场上会有人这么做？而且59还不算是最高的，还有更高的。为什么会有这样奇特的现象？

个人认为有两个原因：

第一个，有很多人其实根本不关心市盈率，有的人在股票市场上投资，哪怕从经济学上讲，1万年收回投资，他也无所谓，他不关心这玩意儿。他只是按照他那一套指标来做功课，现在的股价是1万元，只要明天能涨到1.1万元，那他就去买。当然他这个功课做得靠谱不靠谱，我们现在不去讨论。讨论也没意义，反正谁也说服不了谁。

这就是很多很奇特的经济现象背后的原因，因为有些人根本就不从事情的本来面目去分析问题。

但是，我始终认为，市场上的价格的最终走向是由一些理性的人来判断的。所以，如果市盈率是1万，那么有相当多的人是绝对不会去参与的——当然有前面说的那种少数人参与，但是一旦参与的人少了，股票价格上涨的动力就减弱，最终就会掉头向下。

因此，我认为决定股价的根本因素依然是那些理性思考的人，或者说价值投资者。这种人决定了一只股票的上限和下限。

这么说来，又回到我们的话题上来，从价值投资的角度，既然59年收回投资是绝对不能接受的，那为什么还会出现这种奇葩的价格？难道是价值投资者糊涂了，把这只股票价格的上限给设定错了吗？不是的！

这就要进入这个问题的第二个方面——也即本文将要论述的第二个原因了。

还是要回到市盈率的根本含义上去，市盈率的作用是回答多少年才能收回投资。

通常所说的市盈率，说这只股票的利润一年是 1 元，价格是 59 元，市盈率就是 59，59 年能收回投资，这是一种静态的分析方法。

这种静态的分析方法基于一种默认的前提：在未来的 59 年当中，每年的利润都是 1 元，今年是 1 元，明年是 1 元，后年也是 1 元，大后年还是 1 元，所以 59 年收回投资，市盈率是 59。

但是未来 59 年或未来很多年中，这只股票的利润到底是多少就需要好好琢磨琢磨了。

现在算市盈率是根据今年的或者说去年的利润来算的，而实际考虑收回投资的时候，考虑的是从今年开始，往后多少年企业实际的利润，要根据这个实际的利润计算多少年能够收回投资。

比如以去年为基础进行计算，那么就从今年开始，今年、明年、后年、大后年，然后第 5 年、第 6 年、第 7 年、第 8 年……我一直往前算，一年一年算账。算完账再看投入的这 59 元多少年能够收回投资？也就是说，未来多少年的利润相加能够等于我今天买的价格——59 元？

其实投资者们都知道，很多企业，尤其是创业板，未来每年的利润是逐年递增的，并非每年都保持不变。

假定一只股票未来每年利润的增长率是 20%。对于创业板来说，这个利润增长应该不算太高。

这意味着什么？

意味着，去年这只股票的利润是 1 元，我现在买的股价是 59 元，按静态的算法，59 年才能收回投资。但是按动态的算法，2019 年它的利润是 1 元，而它每年利润的增长率是 20%，那么 2020 年它的利润是 1.2 元，2021 年又在 2020 年的基础上再增加 20%，就是 1.44 元。2022 年，也就是第 3 年，又在 2021 年 1.44 元的基础上再增加 20%，就是 1.728 元，然后再下一年，在

1.728 元的基础上，再增加 20%，就变成了大约是 2 元。

就这样，一年一年、一年一年地涨下去、算下去，用最简单的数学一直往下排。

排的结果是多少呢？

刚才简单地排了一下，我这会儿手头上也没有科学计算器，就是用最简单的办法，结果是：大约 14 年。

具体说，在第 14 年的时候，把这 14 年当中每一年的利润加在一起，它就已经大约是 67 元了，已经超过了我 59 元的成本。

那也就意味着，虽然这只股票去年的利润是 1 元，我此时此刻买的价格是 59 元，静态的计算，市盈率是 59，但事实上并不是 59 年收回投资，而是 14 年收回投资。

14 年收回投资意味着什么呢？

按照市盈率的本来的意思，这只股票的实际市盈率是 14，而不是 59。

如果是 14 的话，这就是一个比较能够接受的市盈率了。当然如果投资者把股票每年利润的增长率设定为 30%，那时间就更短了，具体年限诸位可以自行计算。

其实市盈率这样的事情大可亲自计算，不要听任何人告诉你的结果，即使是我，也是刚才随便在纸上画了一下，手上没有科学计算器，不方便用高级数学的那种方式算，完全是小学生的算法，算出来 14 年的。

如果按照每年 20%，诸位可以算一下看是不是 14 年。诸位再按照每年 30% 算一下，是多少年？如果每年的利润增长率是 50%，也就是去年它的利润是 1 元，今年就变成 1.5 元，明年在 1.5 元的基础上再增加 50%，就是 2.25 元，然后后年再在 2.25 元的基础上再增加 50%，大约应该就是 3.4 元那个样子了，再算一下它多少年就能够收回 59 元投资——这个年限肯定很短。

所以，是创业板也好不是创业板也好，投资者不能简单地用静态的市盈率来看股票价值的高低。

从某种意义上说，如果一只股票的未来的年均利润增长率是 20%，那么 59 倍的市盈率也就实际上是 14 年收回投资，这基本上还是能够接受的。我们大体上可以认为这就是它的价值，那就可以买了。

如果说在同样的前提下，就是它每年利润增长 20% 的情况下，它的静态市盈率降到 40，那就已经是很便宜了，59 可能刚好是个价值的中轴线。

如果你把它的利润增长率预测为 30% 或者 40%、50%，那 59 可能就是一个很便宜的价格。

所以，我们不能说市盈率是 59，就一定是超出了价值！

基于动态市盈率，无论哪个板块的股票，其实都是适合价值投资的，投资的关键是投资者要对企业的价值进行合理测算。

如前文所述，其实投资股票最大的变数在于一只股票的年利润增长率到底是多少。基于此，投资者在投资之前要分析企业的前景、历史、王牌产品等诸多因素。归根结底，最难的就是分析它未来的利润增长率是多少。

作为参照，现在企业一年的利润大约 10%，也就是净资产收益率有 10% 左右。这是常规数据，诸位测算时可以用来做一个大体的利润参照。

这位朋友的最后一个问题是：什么样的人适合投资创业板？

个人认为这个问题其实不算是个问题。

投资创业板最难的是，股票利润增长率的预计很难准确，而不是人的问题。由此发散，其实创业板应该适合那种分析能力特别强的人来投资。分析能力较弱的人，适合投资那些相对传统一点、稳健一点、未来的可知性稍微明确一点的企业。当然，未来越明确，增长率往往越不是很高。这是一对矛盾，也是没办法的事。

关于"什么人适合投资创业板"，我也只能这么回答了。

为什么我目前没有投资创业板？因为我觉得以我的能力，很难自信地分析出一个创业板企业的未来的动态增长率。

知识，信息，多少钱一斤？我的回答是：4 小时 +128 元 =0.059

作者按：

本文写作和在网络发布的时间为 2020 年 3 月。

当我们花大价钱买包买衣服的时候，是否想过花大价钱买知识、买信息，而且付款的时候毫不犹豫，毫不吝啬？

当我们为买一件合身的衣服而在商场试穿两三个小时，或者为了一场聚会花费五六个小时的时候，我们是否想过，为一个确切的认知、一个靠谱的信息，也毫不吝啬地花上几个小时，甚至更多？

钱是挣来的，挣钱的方式是悟来的，悟的时候需要思考，需要查资料，这需要金钱和时间。

你舍得吗？

我从正月初二以来一直在鼓吹一个观点，并且是反复地、不厌其烦地、从不同的角度用不同的语言，鼓吹。

核心观点无非一个，正是这篇文章题目：《祝贺！狂跌的市场，送了你一个大礼包》。

我说了这番话之后，拜市场不断上涨所赐，证明了我观点的高明，其实这根本就证明不了我的观点。我是基于长期投资得出的结论，短期上涨或下跌都不能证明我观点的对错。

很多朋友这么来理解我的观点，我也毫无办法。

最近全球股市狂跌。美联储大幅降息 100 个基点、把利率一口气降到零，外加 7000 亿美元的量化宽松"组合拳"，依然没能阻止美国股市一而再，再而三的熔断。道琼斯指数在一个月之内下跌了大约 30%，而美国历史上的 4 次股市熔断，有三次发生在最近的一个星期之内。

这边厢 A 股好像也有点儿挺不住了，这段时间一直在跌，今天开盘不久还下跌了将近 3 个点，这在中国也算得上是大跌了——不过收盘时相对于昨天下跌 0.34%，基本算是持平。

这种情况下，不少朋友向我咨询，现在应该怎么操作。

这样的问题被问得多了，情绪稍微有一些烦躁，于是回复某个朋友的时候好像有点儿不太礼貌，我是这样说的：

我不是说过了，下跌就是送礼包吗？

这朋友说：可是总是有些怕呀！

我就调侃了这位朋友一句，说：怕，不是一个经济学问题，而是一个心理学问题。不在我们的讨论之列。

总之，说来说去，我的观点没有变过：在当下的情况下，下跌就是送礼包。

有的朋友不禁要问：难道所有的下跌都是在送礼包吗？如果过几年之后，股市涨到了 1 万点，突然它下跌了 1000 点，跌到了 9000 点这也是一个礼包吗？我们也应该不顾一切冲进去抢这个礼包吗？

毫无疑问，不是的。

这个观点，最近这段时间我一直在说。

所谓下跌就是礼包，基于一个前提：价格本来已经很便宜了，再跌一下就更便宜了，这种情况的"下跌"才能算作礼包。

所以说，下跌算不算礼包，关键看它是否已经很便宜了。如果是，那就是礼包。如果不是，那自然不是礼包。

我的观点已经非常鲜明：3000点已经是比较便宜了，所以再下跌就是礼包；当然这是就大盘整体而言，具体到个股，有的股票其实已经很贵了，在上文提到的文章中我补充了自己的观点：3000点以下的坑，可以放心地跳，但不能闭着眼睛。

那么问题来了，我凭什么来判定3000点就很便宜呢？

我在《货币浅说》第25章到第40章反复说过一个观点：在价值投资者的理念当中，价格永远都是围绕着价格在上下波动，或者说叫上蹿下跳。

也可以反过来说，价值其实就是价格波动的中轴线。如此说来，价值就是一个判断价格是否便宜的标准。低于价值，那就算便宜，高于价值，那就算贵。就是这么回事。

那么新问题又来了，一只股票的价值到底是多少呢？

这个问题是价值投资者要解决的核心问题，一旦把这个问题解决了，其他问题都迎刃而解了，只要低于价值就考虑买，只要高于价值就考虑卖。就这样。

可是价值怎么确定呢？

如果不能准确确定价值，这一套理论就毫无可操作性，有等于没有。如果价值确定错了，所有的操作都会成为灾难。

所以，确定股票的价值，或者说确定股票价格波动的中轴线就变得极其重要。

这也成为投资者评判一只股票的价格是便宜还是贵了的最核心的依据。

我3月5日发布的文章是《我是怎样把59倍市盈率变成14倍的？》。在这篇文章里，我表述了这样的观点：如果一只股票的市盈率是59，但是如果这只股票的年均利润增长率是20%，那么这只股票的实际市盈率其实是

14——当然事后来看，这个数字算不上准确，应该是13。说到这里的时候，我顺口说了一句：如果是14的话，那就还算是一个基本可以接受的水平，或者可以把它作为一个价格的中轴线，言下之意，14就是价值。

那么我凭什么说，实际市盈率是14就能算作价值呢？

这也是很多朋友最近一两年向我咨询的问题。

这个问题更是众多的价值投资者都在思考的问题。

回答这个问题，必须追溯价值投资的另外一个重要的理念——价值投资者从来不认同自己的"股票炒手"身份。

在价值投资者眼中，这个"炒"字和炒菜的"炒"是同一个字。所谓炒股票，那么就是把股票当作锅里的菜一样，翻过来，翻过去，翻过去，翻过来。

所以价值投资者是不赞同这个"炒"字的。

也就是说，价值投资者从来不认为自己是一个炒手，不认为自己是一个厨师。

那么价值投资者把自己定位成什么了呢？

价值投资者认为，自己虽然没有在现实生活当中实实在在地做生意，但是在投资股票的时候，却必须把自己定位成真实的生意人。

可以这么表述价值投资者的操作：他从来不像炒菜一样把股票炒来炒去，他是把自己当成一个农场主，在种庄稼。

这是价值投资者的一个重要的理念。这个理念，在逻辑上毫无疑问是对的，因为股票市场的功能，本来就不是让投资者去"炒"的。

股票是干什么的呢？买股票意味着成为股东！当股东是干什么的呢？那就是去投资。

具体说来，一个很好的企业，在飞速发展的过程当中需要资金，那么它获得资金，有两个常规的渠道，第一个是向银行借款；第二个是吆喝一下，希望更多的人作为投资者带着钱来投资这个企业，和这个企业原来的那些股东一起来当这个企业的老板。

有一句自嘲的话说：炒股炒成股东。

仿佛这样的事是一件非常悲催的事。

可是，价值投资者本来就是奔着当股东去的，正如正常的青年男女的交往，就是冲着结婚去的。姑娘不是被男人耍的，而是被男人娶的。你不想当姑娘的老公，你和姑娘交往什么呢？

所以说，价值投资者买股票，不是为了炒的，而是为了来当股东的。炒股炒成股东，不仅是一个正常的现象，还应该成为这种行为的初心。

请注意，人不管做什么事，都不能忘了初心。

举个通俗点的例子：当我买了一手的××银行的股票，我的心思不在于炒这一手的股票，而在于要成为伟大的××银行的股东之一。

我是来投资的，我是来做生意的，我是一个生意人。

既然是生意人，那就要算账。

算什么账呢？最基本的账就是：我把我的钱投出去，每年能够赚多少钱。这和你在现实生活当中去建立一个企业，或者是去开一个超市，没有任何区别。

具体来说，我拿100万元去办一个企业，我要掐指算一算，这100万元投出去每年能够获得多少利润？

比如，我投入100万元办了一个厂，我算了一下，大约每年可以挣10万元，所以资产利润率，或者用更专业的说法叫作净资产收益率就是10%。

10%的倒数就是10。

这个10，就是我最近这几篇文章反复说的"市盈率"。

在《我是怎样把59倍市盈率变成14倍的？》一文中，我说，市盈率的根本含义是投出去的资金用多少年可以收回。

继续举例说明：当我手上拿着100万元资金，睁大眼睛，举目四望，需要找到一个企业进行投资的时候，我的心底里面会设定多大的期望值呢？

这个问题太不好回答了。

人心不足蛇吞象，这100万元的资金，我恨不得每天都赚一个亿。当然这是我的个人愿望，是无可厚非的——我做梦时曾经这样想过。

可是，理想很丰满，现实很骨感。100万元的资金办一个企业，一天能赚一个亿吗？显然是不可能的。我可以这样想，但是也仅仅是想想而已。我必须面对现实。

现实是什么？现实是看看现在已经在做生意的人，他们投入100万元办一家企业，一年挣了多少钱？

别人的状态大体会成为我的参考，或者说，当我用一种中性的心态来思考问题的时候，我的期望值应该是达到众人平均的水平。

那么这个平均的水平是多少呢？

这其实就是全社会企业平均的净资产收益率。

具体来说，我在股票市场上买股票，我的参照对象应该是上市公司，这一方面是因为上市公司是我要买的对象；另一方面，非上市公司的财务管理相对不规范，它的数字可能不太靠谱。

所以，具体来说，我的参照对象就应该是上市公司的平均净资产收益率。

那么这个数字是多少呢？

多年以前我对这个数字是有所掌握的，10%左右，不过，最近这10年这个数字一直是下降的，而我也并没有专门关注这件事情。当我想做这一期节目的时候，出于一种负责任的心态，认为不能说个大概，必须得力求准确，于是就去查了些资料。

最常见的办法就是去百度，可是我"百"了很多次"度"，也没有找到这个资料，于是又上了其他的搜索网站，又找了很多，依然没有直接的答案。

中间发现了一些零零星星的资料，可以倒推出这个数字，但是不直接。

更为重要的是，不同的渠道获得的数字竟然是互相矛盾的。比方说，我看到有一篇文章说这个数字是 16%，还有一个数字是说 6%。中间相差 10 个百分点，这个区别太大了。

我为核实这个数字至少花了 4 个小时的时间，仍然没有很靠谱的答案。

之所以业务这么生疏，我认为和最近这五六年间都没有深入了解市场有直接关系。这五六年，买了股票之后，一般就不管了。不过现在因为要做节目，必须在一些具体问题上认真起来。

我就这样使劲找，时间一点点地流逝。

后来就发现了一篇文章，是介绍中国科学院上市公司研究所出版的年度报告，名为《中国上市公司蓝皮书 2019》。

这篇文章，摘录了蓝皮书里面的部分观点，谈到了这个数字。

应该说，中国科学院的名号是非常大的，他们研究学问的精神也是严谨的，我有了这个数字，自然就可以拿过来用了。

但是我还是不放心，因为那篇文章只是摘要介绍蓝皮书里面的部分内容，它在摘要的过程当中会不会出现校对错误呢？他的这个数字是否有它特别的处理和特别的含义呢？这篇文章是不是在严谨地介绍蓝皮书呢？

我心中依旧疑问重重，不大放心，认为很有必要直接读一读这本蓝皮书，而且要全面地读，要找到这个数字，结合它的上下文，认认真真地评判评判，最后心里才能踏实。

于是我上了中国科学院的网站，可是没有找到这本书。

最后又不知道在网上游历了多久，终于在一个电商平台上发现有卖这本书的电子版。而且这个平台竟然是国外的亚马逊平台。

嗯，真没想到，外国人的平台还这么关注中国的商品。

这个电子版的蓝皮书的售价是128元。没有一秒钟的犹豫，我立刻就办理了烦琐的付款手续，书立刻就到手了，当然是电子版的。

这本书很长，我一时半会儿是没有时间全部阅读的，但是与这个数字相关的前后文，我是瞪大眼睛一个字一个字看下来的，果然不出所料，它对这个中国上市公司平均净资产收益率的概念做了自己特殊的处理，使用的是国外著名的杜邦公司的分析办法。

不过，我认真分析了它的处理办法，发现这种处理办法确实使这个数字更加科学，更有参考价值，所以我确信它的结果是非常靠谱的。

那么它给出的数据是多少呢？

由于这个蓝皮书是2019年版的，所以它给出的是2018年的数据。

答案是5.9%。

当然要特别说明一下，它这个数字做了这两方面的处理：一是消除了税金和银行利息的干扰；二是扣除了非经常损益。这个非经常损益是个专业名词，有的朋友熟悉，有的不熟悉。这个所谓的"非经常损益"，就是指以非常规手段经营所取得的收益。也就是说扣掉了这个玩意儿所呈现的数字更接近商家一年规规矩矩做生意赚到的钱的数字。

至此结论已经非常明显：2018年中国上市公司扣除非经常损益，排除了税金和银行利息的因素之后的净资产收益率是5.9%。

这个数字，意味着在2018年中国3000多家上市公司里面，平均100元的净资产，取得了5.9元的净利润。

按照这个数字，如果我现在拿着100万元，心态还算正常和理性，没有痴心妄想，也没有悲观失望，把自己未来的业绩假定为达到3000多家中国上市公司的平均水平，那意味着这100万元每年的收益是5.9万元钱。

按照这个标准，这100万元需要多少年才能够收回投资呢？

用 100 去除以 5.9 计算的结果是：17 年。

好了，现在就能明白了，在当今中国的股票市场上，平均的收益是：投出去的钱，17 年可以收回投资，也就是说市盈率是 17。

很显然，这是一个大概的数字。所谓大概，就是既要知道它是 17，同时也不要拘泥于是 16，还是 18，数字大体就是这么多。

当然，按照我在最近这段时间的几篇文章里说的，这只是一个静态的市盈率。为了准确，最好把它换算成动态的市盈率。但是在换算成动态的市盈率的时候，有一个关键变量是年均利润增长率。这个数值很难准确确定。

所以，我的做法有两个：

第一，在使用它的过程中，不是特别需要换算的时候尽量不去换算。只不过在使用的时候，我会特别提醒自己，这是个静态的市盈率。

第二，在确实需要换算的时候会对"年均利润增长率"这个关键指标取一个折中的数字。我通常喜欢取 7%。至于为什么取这个数字，那就说来话长了，又要唠唠叨叨几个世纪才说得清楚，就不展开了。

如果按照年均利润增长率 7% 计算，按照我在 3 月 13 日的节目里所说的科学方法，大约一分钟，可以算出动态市盈率是 11。

不过，由于我对年平均利润增长率这个关键指标确定为 7%，一直是心里忐忑的，所以还是坚持"能不换算的时候就不换算"的原则，同时在心里不断提醒自己：这个市盈率是静态的。

好了，有了这样一个参考指标，价值投资者的价格中轴线或者说价值，也就大体有个数了。

这个数字的意义很大，大在很多方面，在其中一个方面表现为：

无论一个投资者是投资主板、创业板、中小板、科技板，还是别的什么板，都可以用这个作为参照——因为无论什么板都是工具，投资的目的是赚钱。

需要特别说明的是，既然把它当作参照系，如果你在实战当中，看中了哪一只股票，当你把那只股票的市盈率跟这个参照市盈率做对比的时候，还是要都把它换成实际的市盈率才行。

而在这个换算的过程当中，对其中两个数字的判断是否准确，将直接影响你判断的结果：

第一，把这个参照市盈率由静态换算成动态的过程当中，你取的那个年均利润增长率是否准确？

第二，你相中的那只股票，你对它年均利润增长率的判断，是否准确？

最后特别说明一点，这篇文章当中的这个关键数字 5.9%，或者说叫作 0.059，我花了 4 个小时的时间，128 元的费用。

强调这个细节，其实也是想含蓄地告诉朋友们：一个价值投资者，应该怎样干活。

世界上最相信和最支持儿子的，永远是母亲

作者按：

这篇文章写于 2020 年 5 月 10 日，那一天是母亲节，同时又是巴菲特掌管伯克希尔·哈撒韦公司的纪念日。

我动用了我全部的脑力和才智写下这篇文章。

时至今日（2023 年 9 月），这篇文章是我最满意的财经文章，没有之一。

重复一遍：没有之一。

我坦白，我当时是指望这篇文章获得很多喝彩的。

可是，结果完全相反。

由此，这篇文章成为我创作财经文章的一个分水岭……

至于详情，请诸君读完本文，你我再叙。

今天是 5 月 10 日，这是一个特殊的日子。一方面，今天是母亲节；另一方面，55 年前的今天，股神巴菲特接管了伯克希尔·哈撒韦公司。

首先，要纠正一个流传很广泛的错误认识。巴菲特所领导的公司名字叫伯克希尔·哈撒韦公司。如果你到网络上去搜索这个公司，很多词条下面解释它的第一句话是，伯克希尔·哈撒韦公司由沃伦·巴菲特创建于 1956 年。

我要非常非常非常郑重地在此纠正：这句话是错误的。

重要的事情说三遍，所以再说两遍：这句话是错误的，这句话是错

误的。

伯克希尔·哈撒韦公司确实是创建于1956年，是由一家名叫伯克希尔的公司和一家名叫哈撒韦的公司合并而成，但是合并之时，也就是伯克希尔·哈撒韦公司创建之时，它跟巴菲特没有一毛钱的关系。

当时巴菲特刚刚从哥伦比亚大学毕业5年，在他父亲的公司里面干了几年证券推销员，然后又到他的恩师——著名的投资家格雷厄姆的公司里当证券分析员。1956年这一年的上半年，他还在他的老师格雷厄姆的公司上班。这一年的5月1日这一天，巴菲特成立了自己的第一家公司——巴菲特合伙人公司。在这一年以及此后的几年，巴菲特确实知道并关注过伯克希尔·哈撒韦公司，但那只是在千千万万的普通公司里面轻轻地关注了一下，也就是在人群中轻轻地看了一眼，也并没有再多看看。

从1962年开始，巴菲特合伙人公司才慢慢买入伯克希尔·哈撒韦公司的股票，但这种行为就像我们大多数投资者去购买某一个公司的股票一样，这时的巴菲特只是一个名不见经传、默默无闻的投资者。

他一年一年地买，一直到1964年，他拥有的股份已经很多了，但是巴菲特始终没有亲自出面参加伯克希尔·哈撒韦公司的股东会之类的活动。

直到1965年，巴菲特也曾经一度要出售掉自己所拥有的伯克希尔·哈撒韦公司的股份，可是由于价格没谈拢，别无他法的巴菲特决定继续增加伯克希尔·哈撒韦公司的持股比例。

经过一系列曲折复杂的故事情节，巴菲特购买了当时伯克希尔·哈撒韦公司总裁西伯利及其弟弟手中持有的伯克希尔·哈撒韦公司的股票，这样他的持股比例才达到49%，一方面巩固了控股权，另一方面把原来的老板赶走了，这样他才开始真正接管伯克希尔·哈撒韦公司。

1965年5月10日，也就是55年前的今天，巴菲特穿着一件满是褶子的上衣，腋下夹着一个普通的公文包，来到伯克希尔·哈撒韦公司，和伯克希尔·哈撒韦公司的原老板西伯利签订相关合同。西伯利在宣布了会议的一些议程，并且在协议书上签字之后就提前走了，接下来巴菲特任命了新的公司主管，他自己任公司执行委员会主席。

从这一天开始，巴菲特接管了伯克希尔·哈撒韦公司。

再强调一遍，这一天是公元 1965 年 5 月 10 日，这一天伯克希尔·哈撒韦公司的股价是 18 美元。

我之所以这样不厌其烦地介绍这样一个细节，是要特别强调，我们在考察巴菲特赚钱多少的时候，要弄清楚这样的一个时间节点，才能找到一个准确的逻辑起点。

55 年过去了，伯克希尔·哈撒韦公司的股票价格是多少呢？由于今天是星期日，昨天是星期六，昨天和今天两天股市都不进行交易，所以截至此时，伯克希尔·哈撒韦公司的股价只能取前天——也就是 2020 年 5 月 8 日（星期五）的收盘价，这个价格是 265280 美元，我们把零头去掉，那就是 26 万美元。

也就是说，在 1965 年 5 月 10 日这一天，如果你买入一股伯克希尔·哈撒韦公司的股票，你的成本是 18 美元，到了今天，你的股票价值是 26 万美元。你今天的股票价值是 1965 年 5 月 10 日买入时成本的 14444 倍。

毫无疑问，这是一个很高的收益，有很多人由于没有跟随巴菲特而后悔终生。

可我依旧要大胆宣布自己的看法：其实巴菲特赚的钱并不多。

重复一遍，巴菲特赚的钱并不多。

我这么说，并不是因为我比他有钱，我不仅这一辈子没有他赚的钱多，我就是再投胎 100 次，再来 100 个人世轮回，我也赚不到巴菲特那么多钱。

可是我还是要说，其实巴菲特赚的钱并不多。

我是不是脑子有毛病呢？精神出了问题呢？

肯定不是，至少我自己认为没有。

我是一个喜欢较真儿的人，我喜欢算账，我喜欢算在这样55年的时间长河当中，巴菲特每年赚了多少钱。

于是我拿出了投资工作的神圣装备：计算器。我要好好地用这个家伙计算它一番。这个事我必须亲自干，我不能让别人干，任何人干这件事情我都不放心。

因为涉及钱的事情，一定要较真儿，一定要小心，不能自己欺骗自己，也不能让别人欺骗自己，当然更不能欺骗别人。

此时此刻，我有着无比强烈的仪式感，无比神圣的庄严感，因为我作为一个无名小卒，在窥探股神巴菲特的奥妙。如果不是因为我急于要得出结果，我一定还要沐浴、更衣、焚香、跪拜，再拿出我神圣而高贵的投资神器——计算器。

应该怎么计算呢？

先是26万美元除以18美元等于14444。再对14444，开55次方。这个运算，用笔和简单计算器没法算，所以只能用科学计算器，得出的结果是1.19。

这个1.19的含义就是，平均下来，伯克希尔·哈撒韦公司每年的股价是上一年的1.19倍，也就是说，伯克希尔·哈撒韦公司的股价，每年增长了19%。

所以，我今天最想跟朋友们分享的结论出来了。巴菲特每年赚了多少钱呢？每年赚了他上一年本钱的19%。

也就是说，他上一年如果手上拥有的股票价值是100美元，他下一年的利润是19美元。

这个数字用在我们的投资生活当中，就是你投入100万元人民币到股市，每年挣了19万元。

年化收益率19%。

这个数字高不高呢？

在我心中是无比高的。

而且事实也不容我置疑，因为这是股神的收益，因为在"二战"以后的投资经历当中，超过这个收益的人好像没有。

可是，我很想问朋友们一个问题：

当你拿着钱投入股市，或者投入其他渠道的理财过程当中的时候，你觉得这个数字高不高？

据我所知，很多人都是瞧不起这个19%的。

有很多人拿着钱进入股市，他的目标都是冲着至少翻倍去的。

尤为重要的是，能力和收益都是成正比的。

我们自认为，自己的水平，还有我们身边的那些股神的水平，跟巴菲特相比，是超过巴菲特呢，还是不如巴菲特呢？

不如巴菲特的话，我们的能力水平相当于巴菲特的百分之几十呢？请允许我大胆地给出一个答案，我们身边的绝大多数人的投资理财水平达不到股神的一半。

按照这个逻辑，我们平常每个人的投资理财的收益率只能定格在巴菲特的一半，也就是19%的一半，也就是9.5%，简单地说就是10%吧。

可是据我所知，我们身边的很多人很瞧不起10%的投资收益率。

这样说下来，那也就意味着我们瞧不起巴菲特每年收益19%。

还有我们身边的投资大师们，满眼望过去，很少有宣称自己的投资收益低于10%的。有的宣称有15%、20%、30%、40%、50%乃至当年就可以翻倍，乃至三个月就可以翻倍，乃至一个月就能翻n倍。

这样的故事层出不穷，这种现象意味着在我们身边有无数的股神的水平超过巴菲特的一半，乃至于完全超过巴菲特，乃至于是巴菲特的投资水平的

n 倍。

尤为重要的是，19% 是我们对巴菲特过去 55 年投资生涯的回顾和总结，而巴菲特本人对他投资收益的预期是多少呢？

我们看看，今年当地时间 5 月 2 日（北京时间 5 月 3 日凌晨）召开的最新的伯克希尔·哈撒韦公司股东大会上，巴菲特是怎么说的。

他说，他不"承诺"未来伯克希尔·哈撒韦公司股票收益超过标普 500 指数，他只能努力地去"争取"超过。

标普 500 指数多年以来的年收益率大约在 10%。就是说巴菲特不能承诺伯克希尔·哈撒韦公司股票增值的速度超过每年 10%。

极其巧合的是，中国银行保监会（现已改为国家金融监督管理总局）时任主席郭树清，在公共场合给投资者的提醒，与巴菲特在股东大会上的承诺高度一致。

2018 年 6 月 14 日，由上海市人民政府和中国人民银行、中国银行保险监督管理委员会、中国证券监督管理委员会共同主办的"2018 陆家嘴论坛"在上海举行。中国银行保监会主席郭树清在主旨演讲中告诫投资者在投资的过程中要注意风险。郭树清说："理财产品收益率超过 6% 就要打问号，超过 8% 很危险，超过 10% 就要做好损失全部本金的准备。"

最后还是说一说母亲节吧！

说母亲节，其实还是要从巴菲特说起。

公元 1956 年 5 月 1 日，巴菲特成立了他的第一家公司，叫巴菲特合伙人公司。这个公司合伙人有 7 个，分别是他的母亲、姑姑、姐姐、医生、律师，以及他的一个朋友和他本人。尤其值得一提的是，公司的总投资是 105100 美元，在这个总投资里面，他的母亲拿了 2.5 万美元，而巴菲特本人只出了总投资 105100 美元里面的那个零头——100 美元。这 100 美元里面还包括他为成立公司买账本所花的 49 美分。尽管如此，这个公司却 100% 地由巴菲特一个人说了算。这一年，巴菲特 26 岁。

在母亲节这样一个特别的日子，我不得不感慨，天底下最相信、最支持儿子的人永远是母亲。而我今天所介绍的这样一种比较稳健的投资理念，也可以让我们的母亲对我们的投资少一份担心。

祝愿天下的母亲，母亲节快乐！

祝愿天下的儿女，让母亲少一份担心！

我多次提过，本篇文章是我迄今为止（2023 年 9 月）最满意的财经文章，没有之一。

但是，这篇文章在 2023 年 5 月 10 日于公众号发布之后，阅读量明显低于当时其他文章的平均阅读量。

这对我的打击是非常大的。

因为这说明读者和听众不认可我文章的观点。

可是，我至今仍认为这是我写得最好的财经文章。

这个反差太大了，对我的刺激也非常大。

我这样说，不是渲染情绪。因为，我面对这个情况后，做了一个极端的举动，并调整了我公众号的创作方向。

一是我删除了 2020 年 5 月 10 日以前在公众号发布的所有财经文章。

二是我不打算从那以后再写任何财经文章。

朋友们应该想象得到，我当时受了多大的刺激。

（顺便说一句，时至今日，我要挑选部分曾经在公众号发布的文章编成书籍出版，仍然把这篇文章选进来，可见我对我这篇文章的认可度有多高。）

这事儿很值得深入思考：为什么朋友们不喜欢我最满意的文章？

我能给出的答案是：因为我这篇文章的主题！

我的文章的主题是：投资理财不可能发大财！可是，所有投资理财的人都希望发大财。

重要的事情说三遍，所以再说两遍：

投资理财不可能发大财！可是，所有投资理财的人都希望发大财。

投资理财不可能发大财！可是，所有投资理财的人都希望发大财。

所以，我说的话，朋友们都不喜欢听。

但我不能骗我自己，更不能骗他人，我只能说真话。真话又没人听，那我就不说了吧。

可是，我还是想说。

所以，这次选择部分过去的文章编辑成书的时候，这篇文章光荣入选。

对茅台 2013 年报数据的分析及其他

作者按：

本文写作于 2014 年 3 月 8 日。掐指算来，距今（2023 年 9 月）已经快十年了。

刻意把这篇文章奉献给朋友们，是有特殊考虑的，而首要的一条是：我没打算你会认真读这篇文章。

为什么这样呢？

请你试着读一下，我们再聊。

当然，如果你读到中间不想读了，你就直接跳过，直接看看我在这篇文章后面跟你聊了点什么。

（一）年报，年报，至关重要

茅台的股价自元月 16 日开始一路上扬，到 3 月 7 日已上涨 40%（由 118 元/股涨至 165 元/股）。

3 月 25 日是贵州茅台出年报的日子。这份年报至关重要：一是因为 2013 年对白酒和茅台都是"惊魂一年"，茅台能否躲过这一劫，就是要看年报。二是此前的 2013 年 3 季报和半年报，茅台的数据都不好看：2013 年上半年净利润增长 3.70%，前三季度增长 6.62%。此次年报能否扭转乾坤至关重要。

这份年报将彻底决定人们对茅台的看法：年报好看，则说明茅台在风雨中屹立不倒，更显英雄本色；年报难看，说明茅台的危机远未过去，茅台神话已经垮台。可以说，于茅台而言，这份年报意味着人们对茅台的业绩将产生相当两极分化的判断，升或者死，没有中间路线可言。

同时，年报好看，说明此轮上涨有强劲的业绩支撑，股民应继续持股；年报难看，说明此轮上涨只是飞在天上的猪，股民应该抓住时机赶紧跑路。

（二）推测：茅台2013年销售收入和净利润同比增长均为20%

现有信息：1月7日，凤凰网和网上自媒体有消息称：茅台集团2013年销售收入增长13.76%。

根据此消息，推理如下：

1. 根据茅台集团2012年销售收入，推算出茅台2013年销售收入为409亿元。

2. 茅台股份历年占集团销售收入的70%～80%，据此可以推算出2013年茅台股份销售收入为320亿元（2013年上半年，茅台集团销售收入179亿元，茅台股份141亿元）。

3. 历年来，茅台股份净利润约占销售收入的50%左右，据此可以推算出2013年茅台股份净利润约160亿元。

结论：2013年茅台同比增长20%左右。

参考消息：董宝珍有如下推理，结论与上述推理一致。

1. 茅台股份销售收入增长率比集团高7个百分点，因此，茅台股份2013年销售收入增长率为20%。

2. 茅台股份的净利润增长历来与销售收入增长同步，所以净利润增长20%（2013年上半年和前三季不同步是特殊原因所致）。

（三）时间上的巧合：元月7日到元月16日

如果上述推理成立，其实存在一个有意思的时间巧合。

1. 上述推理起源于元月7日的一条消息。

2. 茅台此次义无反顾地上涨起于元月16日，相隔大约一周。

3. 各大机构和有一定分析能力的个人投资者对一则消息的消化时间一般需要3天，也就是形成一个判断并基本形成操作计划约3天。这个时间是指最快的速度。

4. 形成操作计划到操作实施大约3天。包括反复考虑下最后决心，以及调度资金。

5. 上述3、4两个步骤加在一起的时间也是大约一周，与第2点所提到的一周完全巧合。

（四）最强力的证据：新政

茅台在2013年的白酒风雨中，依然显示出英雄本色，茅台还是茅台。

所谓最强力证据，指的是有说服力的证据，是那些毋庸置疑的、没有瑕疵的证据。

特别强调有说服力，是专门针对前述推理的。数据推理总让人不踏实，因为可能哪个前提条件不成立，也可能哪个逻辑推演过程有毛病。比如：

茅台股份的销售收入一直占集团的70%~80%吗？万一2013年低于70%咋办？

茅台的净利润一直占销售收入的50%吗？万一2013年不是这样了咋办？

至于董宝珍所言，茅台股份的销售收入增长总是比集团的数据高7个百分点，也总让人在想：这数据是板上钉钉的吗？

还是那句话，推理是有瑕疵的。

唯有一个证据没有瑕疵，那就是茅台2013年的两次新政，或者叫两次高价卖酒。

第一次是始于夏天的新政：凡以999元/瓶买入茅台一吨，则取得经销权。

第二次是年底：老经销商以999元/瓶买入茅台一吨，则增20%配额。

两次新政，对于单个经销商而言，所需资金的起步价是6000万元。

说这两次新政是最强力证据的理由如下：

1. 最了解茅台销路的人是经销商，不是投资者，不是茅台的管理者。最了解某个路口的交通状况的人，是此时站在路口的那个交通警察，最了解梨子滋味的人，是此时在吃梨的那个人。

2. 经销商不傻。无论是用6000万元资金取得一个经销的资格，还是增加一点配额，都不是一件小事。没有对前途的绝对自信，没有谁会这么干。

3.2013年花重金加入茅台经销的队伍或增加配额的人，无异于在1912年净身进宫——这表明了这批人对前景的坚定看好，这种义无反顾，和一般意义上的看好茅台是大不相同的。

4. 有了第二次新政，新政遂成铁证。说这话的意思，是说第一次新政不足以成为铁证。因为人毕竟有看走眼的时候，第一次新政加入的人，可能是头脑发热，而且不知道加入后的效果如何。而第二次新政的成功实施，则彻底排除了这种担心。因为第二批入场的人肯定是研究了第一批人的行为及后果才行动的，他们的研究细节、逻辑过程、研究手段都不得而知。但这不重要，因为他们不傻。

（五）打破砂锅问到底：两次新政实施成功了吗？

由于茅台公司不对外公布两次新政的实际效果，我们怎样确定有多大资金量参加了新政，进而确定新政成功实施了呢？

这只能依靠推理，因为茅台公司不告诉你。

关于第一次：

这个证据只有一个，但是，足够了。

这唯一的证据就是：茅台第三季度现金流比第二季度环比增加 45 亿元。

这是个天文数字，在我们想象力能到达的范围内，只能有一个解释，那就是"新政"。

关于第二次：

1.2013 年 12 月 17 日，茅台供应商大会上通报说："1—11 月，茅台集团实现销售收入 347.6 亿元。"

2.2013 年 12 月 18 日，茅台总经理在同一大会说："截至 12 月 15 日，茅台酒销售收入增长 28.1%，酱香型系列酒同比下降 7.9%。"

3.根据 2012 年茅台酒和酱香型系列酒销售收入分别是 240 亿元、24 亿元，计算出截至 12 月 15 日，茅台股份实现销售收入 328 亿元。

4.根据茅台股份销售收入一般占集团的 80%，计算出茅台集团截至 12 月 15 日实现销售收入 410 亿元。

5.根据 1 和 4 计算出茅台集团在 2013 年 12 月前半个月实现销售收入 53 亿元。

6.半个月，实现 53 亿元收入。这是个天文数字。

同样，在我们的想象力能到达的范围内，只有一个解释，那就是第二次新政。

（六）不可不谈：预收款

问题的必要性：茅台历年来都有大量的预收款。如果今年茅台预收款消失或大幅下降，则说明，茅台为了让年报好看，把预收款都当成收入入账了。如果这样，这份好看的年报与以往的年报相比，根本没有可比性，进一步而言，也就不能说明任何问题。

那么，在销售收入和净利润都增长20%的情况下，茅台还有数量可观的预收款吗？

答案是：有，30亿~50亿元。

理由如下：

前面已经分析，茅台在2013年12月前半个月实现了50亿元销售收入。常识告诉我们，在后半个月大约还会实现50亿元。

可是，前面已经分析，茅台全年的销售收入大体上已在12月15日前全部完成了（因为全年大约是320亿元，到12月15日大约是320亿元）。

那么，后半个月收的钱到哪儿去了？

答案只有一个：在账务处理上作为预收款了。

综合各种线索，个人认为这个推理很靠谱。

这是茅台的老套路，不多说。

它的意义在于：在依然有数量可观的预收款的情况下，茅台2013年的年报具有可比性，具有分析的价值。

（七）期待

严重期待本文结论与3月25日发布的年报一致。

作者补记：

这篇文章写于2014年3月8日，大约十年前。顺便说一句，这篇文章的结论与当年3月25日茅台发布的年报不矛盾。

那时候我没做自媒体，但是我经常写文章，只不过，自己写，自己阅读，然后游戏结束。

顺便说一句，做自媒体对我来说的意义就是，把原来"自己写自己读"的流程，改成"自己写大家读"，仅此而已。

我从来没把写作当成一个事业。

写作也谈不上是我的一个爱好。

写作，对我来说，是必需品。

我自己，需要写作。不写，我难受。

所以，我经常写。

不做自媒体的时候，自己写自己读。除了我自己没有别的读者，也要写。

这种状态，导致我不怎么琢磨怎样写好文章。因为写作对我来说不是事业，不是爱好，只是需要。就像吃饭一样，仅仅是需要，有谁去琢磨吃饭的技术呢？只要能把饭喂到嘴里就行了。很多人吃一辈子饭，拿筷子的姿势都是错的。可是这有什么关系呢？

所以，我写作水平很一般，而且多年来没有长进，一直在原地踏步。

不过，我要承认，原来自己写、自己读，读者是我自己，我的文字很简洁，比如十年前的这篇文章。

因为很简洁，所以很短的文字里面的信息量很大，认真读的话肯定很"烧脑"，所以我甚至不奢望朋友们认真读这篇文章。

但是，即便你不认真读，我的目的也达到了。

我的目的有两个：

一是，写文章是为读者着想的。

我原来的文章，是写给我自己的，我是读者。自然而然地，简洁一点，我也读得懂，而且也爱读。

我后来写自媒体的文章，是给朋友们看的，尤其是想给"小白"们一些参考，"大咖"不是我的目标受众。这样一来，我的文字读起来就啰唆了。

总之，一切从实际出发。

二是，做投资必须做大量功课。

从这篇文章可以看出，我在2013至2014年，对茅台做了大量的功课。其实，这篇文章只是我当时对茅台做大量功课而写的众多文章中的一篇。当然，那些文章只有我本人一个读者。

还有更重要的：

这篇文章是我对自己进行的一次考试。我事前（2014年3月8日）对茅台过去一年的经营情况进行了分析，得出我的判断。我当时写作的计划是：十几天之后对照公布的茅台年报，对自己的判断进行评分。如果分数高，说明了我的分析思路是对的；反之，就是错的。

投资是一件很"烧脑"、很辛苦的活儿，跟着感觉走是不行的。比如，有人觉得某只股票的代码很吉利，于是就买那只股票。这样跟着感觉走，小心钱财损失！

还有的人，不愿意自己做功课，喜欢听别人说。我觉得也是不行的。

扪心自问一下：你听别人的意见而买股票，到最后，如果亏了钱，是埋怨别人还是自己？

　　自然而然地，很多人在需要做功课的时候，听别人的意见；亏了钱之后，也埋怨别人。投资这件事，不管事前事后，唯独亏了钱的原因跟自己无关。

　　要说有关，大约是，如果赚了钱，会觉得是自己高明。

　　不管你想怎么撇清投资失败跟自己的关系，但损失的钱，是你的！

　　所以，我觉得，这样不好。

　　所以，我的结论是：投资是一件很辛苦的事。

　　这就是，我把这篇我不奢望您读完的文章奉献出来的初衷。

后记

你的钱是你的钱吗?这句话有点像绕口令。但,绕来绕去,其实关键词只有两个:一个是"你";另一个是"钱"。

如果要朗读这句话,有两种朗读方式。

第1种,把重音放在"钱"上,那就是:你的"钱"是你的"钱"吗?

第2种,把重音放在"你"上,那就是:"你"的钱是"你"的钱吗?

第1种朗读方式强调的意思是:钱是钱吗?

第2种朗读方式强调的意思是:"你"的钱,会不会变成"别人"的钱?

那么,这分别是什么意思呢?

先说第一个意思。

你的"钱"是你的"钱"吗?

这要讨论的是,"钱"到底是不是"钱"。

有的朋友可能会说,钱怎么可能不是钱呢?正如牛是牛、狗是狗、猪是猪一样。

可是,我着重向朋友们阐述的正是:钱不是钱,而是一张收条。

另外,钱也是一个媒介,就像击鼓传花时的花儿一样,被人们传来传去。

因为它是一张收条，所以我们会遇到很多烦恼。比如，今天的一块钱能买一斤白菜，明天可能买不了了，也可能买一斤多白菜。又如，我们向银行借款，有时候借不到，并不是我们的问题，而是银行缺钱了。

总之，认识到钱不是钱，钱只是一张收条，对于我们全面而又准确地理解钱非常重要。

因为钱是一个媒介，你从我这里买东西，钱从你那里到我这里了。我再从他那里买东西，钱又从我这里到他那里了。他又从你那里买东西，钱又到了你那里。接下来，你还可以继续在我这里买东西，钱又到我这里了……所以，钱就像击鼓传花时的花儿一样，在我们之间转圈。

前不久有朋友问我，说国家投放了那么多钱，可是生意还是不好做，那钱到哪儿去了呢？

如果你理解了钱是一个媒介，类似击鼓传花时的花，你就会明白，钱没到哪儿去，只是转圈的次数少了。

所以，我们发展经济，不仅要增加钱，更要努力让钱多转圈。钱待在那儿不动，有跟没有是一样的——对个人是这个意思，对社会也是这个意思。

对个人来说，钱到你手上，在极端的情况下，你把它取成现金，挖一个地窖，把钱放在地窖里，但这个钱对你没有任何意义。比如，有些贪官就是这么做的，到头来唯一的意义就是：法庭对他进行量刑时，他在地窖里存的钱越多，判的刑期就越长。

对于发展经济来说，如果我们每一个人拿着钱，都把钱埋在地窖里，不管再多的钱在社会上，那都等于0。

对于做生意来说，毫无疑问，要经常有钱进、有钱出，才意味着有生意做、有钱赚。

所以，不管是过日子还是做生意，还是挣GDP，当一个守财奴是毫无意义的。

所以我说，"钱"未必是"钱"。

这就是"你的钱，是你的钱吗？"的第 1 层意思。

这一层意思对我们有什么实际意义呢？

我觉得可以分成两个方向来说。

假设你现在还不太富裕，你需要更多的钱，那么你就需要去挣钱。

挣钱，最好是先了解钱。就像打仗一样，要先了解对手。知己知彼，才能百战百胜。

当你知道钱是一张收据的时候，你就能够理解很多金融现象。最现实的，你能够理解通货膨胀，能够理解银行贷款，也能够理解国际经济形势。

当你理解到钱是一个媒介的时候，你也会对你的生意规划做出很多新的安排，比如要努力让钱转圈。

如果你已经有了不少的钱，至少平时能过上体面的生活，是可以满足了。这个时候你对钱应该有一个正确的态度，那就是：钱只是一个收据，钱只是一个媒介，它不代表别的任何东西。

那么，你还要不要拼命挣很多钱？

这是一个灵魂拷问。

我觉得，从钱不是钱、钱是收条、钱是媒介的角度看，在这种情况下你挣更多的钱就没有多大意义了。

朋友们可以不赞成我的观点，但是至少从这个角度出发，你会理解一些有钱人已经不在乎金钱的多少了。比如中国有很多知名的企业家，既是企业的创始人，也是实际控制人，但是他在企业所持有的股份只有 1% 左右。

我觉得，这样的人是真正理解钱的人。

有的朋友可能会说，我成不了这样的人，所以这事跟我没关系。我的财经专辑《货币浅说：让金融走下神坛》第 100 章谈论过这个问题：投资最核心的深层是研究这个企业的老板。文中探讨了一个很直观的现象：同样一个企业，换个老板，可能就兴旺了；再换个老板，可能又衰落了。

而了解老板，一定要了解老板的货币观，或者叫金钱观。

那么，一个以个人发财为第一要务的老板，和一个不怎么在乎个人发财的老板，他的企业经营方略是不一样的。

这对于我们了解一个企业的未来前途很关键。

自然而然地，这对于我们是否要投资某一个企业也很关键。

这样一说，这个事儿是不是就跟我们每一个人都息息相关了呢？不管你有钱没钱，你都有必要了解有钱的老板的货币观、金钱观。

这就是"你的钱，是你的钱吗？"的第1层意思，把重点落在"钱"上所做的解读。

接下来，我们来讨论一下"你的钱，是你的钱吗？"的第2层意思，也就是把重点落在"你"上。

从我给朋友们分享的关于钱的另外两个特征说起。钱除了是我们通常所理解的那个意思以外，钱还是一张收据，钱还是一个媒介。

既然它只是一张收据，你拿着这张收据有什么用？所以你肯定要想办法把这张收据传给别人，然后获得自己想要的东西，所以"你"的钱终究不是"你"的。

中国有句俗语：金钱这东西，生不带来，死不带去。

这句话是对的。

但我想说的是，即便我们一直活着，永远活着，钱也不是我们的，终究会成为别人的。更要命的是，如果一直把钱抱在自己怀里，这个钱对你没有任何意义。

如果你的钱已经够用了，那么，多出来的钱，你是不是还要像守财奴那样把它抱在怀里呢？

如果你现在没有太多的钱，你迫切需要挣钱——这是绝大多数人所面临的现实。那么，当我们认识到你的钱不一定是你的钱的时候，我们就能够发现一个奥秘，这些话不仅对我们自己适用，对别人也适用，那么，别人口袋里的钱也不是别人的，我们怎么就不能想办法让它到我的口袋里来呢？当然要采取合法的方式。

那么，我们就去研究钱流动的规律，把钱这个事琢磨透了，琢磨深了，是不是就更容易挣到钱了？

即便挣不到钱，或者挣不到大钱，挣不到快钱，至少，按照我在本书里讲的，你不要指望天上掉馅饼，不要指望发大财，那么，当有人跟你说可以发大财的时候，你本能地认为这是不可能的，这样你就有可能躲过了一场骗局。

因为，"钱作为媒介，像击鼓传花时的花儿一样被传来传去"，想象一下，击鼓传花，是一束花一束花地传，还是一个花园一个花园地传？于是，你便会坚定地认为，一夜暴富是不可能的，会毫不犹豫地拒绝很多很多骗局。

如此说来，深刻地追问"你"的钱是"你"的钱吗？确实是有很大用处的。

我们必须很严肃认真地，同时又很严谨细致地去探讨钱这个东西到底是个啥东西。要用理性的思维，而不是用感性的思维，要像做生意那种"商场无父子"的心态，不是像谈恋爱那样"月下看美人"的心态，去残酷无情地质询："你"的钱是"你"的钱吗？最后真正把钱弄明白了，你才能够成为自由支配金钱的主人，而不是让钱成为自由支配你的主人。

你和钱，到底谁是主人？一定要弄明白。

最后，感谢这几年来持续要求我把在网上创作的财经专辑《货币浅说：

让金融走下神坛》编辑成书的朋友！感谢出版领域各方面的朋友愿意合力出版这本书！感谢在我创作的过程中，所有给过我支持的朋友和家人。

  我能混到出书的份儿上，没有你们，是不可想象的。

2023 年 9 月